声かけで伸ばす

内向的な子のすごい力

臨床心理士・公認心理師
吉田美智子

Discover

はじめに

あなたは、子どもが「行ってみたい」と提案してくれたダンスの習いごと体験に参加しました。当日体験会へ行ってみると、同じように参加している子は楽しそうに踊っているのに、自分の子どもは親の陰に隠れて様子をうかがっているだけ。ダンスの先生も困っています。

そんなとき、子どもにどんな声をかけますか？

「みんなと同じように参加してみたら？」

それとも、「失敗しても大丈夫だからやってみたら？」でしょうか。

適切な接し方は52・203ページの方法を取り入れていただきたいのですが、内向的な子の力を伸ばすには、できるだけ親が子どものペースを待ってあげる必要があります。

しかし、「待つ」のは親にとって本当に大変なことです。とくにマイペースで内向的な子どもの性質は、人一倍不安に思えて「待つ」ことが難しく感じるかもしれません。

不安になる大きな理由は、子どもの内気さや感じやすさは、尊重すべき個性なのか修正すべき短所なのかわからずに悩んでしまうからでしょう。とくに、子どもは元気で自己主張や興味関心が強く、活発なものという思い込みがあるので、想像していた姿と違う子どもの様子に親が戸惑ってしまいます。

最初にお伝えしたいのは、内気さや感じやすさは大切な個性だということです。きっとこの本を手に取ってくださった皆さんも、内向的な性質は素敵な個性だと思っているけれど、それをどのように育んであげたらよいか悩んでいるのではないでしょうか。

はじめまして。「はこにわサロン東京」の吉田美智子と申します。臨床心理士・公認心理師で、16年にわたって大人と子どものカウンセリングに携わってきました。

わたしは、臨床心理士になるとほぼ同時に、出産と子育てを始めました。つまり、自分自身が悩める母親だったわけですが、子育てをしている中でも、たくさんのお母さん、お父さんから悩みを聞く機会がありました。愚痴を言い合って発散できる悩みもありますが、子どものためにがんばっているのに成果が見えず、周りからも理解してもらえなくてつらい状況に追い込まれている人もいました。その中には、子どもの内向的な性質は短所なのか、それとも生かすべき特性なのかについて悩んでいる人も多くいたのです。

たとえば友だちをつくるとき、外向的な子どものほうが有利に感じます。たしかに、クラス替えなどで見知らぬ相手と友だちになるときは、外向的な子どもが持つ物怖じせずに初対面の相手に話しかけていく力が活躍します。

内向的な子どもは新しい顔ぶれに緊張し、不安を感じているため、自分から話しかけることは難しいでしょう。新学期に力を発揮するのは、外向的な子どもたちであるといえます。

しかし、友だちができて、その関係を維持するステージに入ると、自己表現や自己主張より、相手の話を聞く、自己制御して協調する力が必要です。これは内向的な子どもたちが得意とする分野です。

このように、通年で考えると外向的な子どもは対人スキルが高く、内向的な子どもは対人スキルが低いとは言い切れません。

対人関係において、外向的な子どもは好奇心や自己主張をコントロールすることが難しく、内向的な子どもは自分の不安や緊張をコントロールするのが難しいといったそれぞれの特徴があるだけです。

では、子どもの課題の克服に親はどのように関わってあげるのがよいでしょう。

まず伝えたいことは、短所を指摘・注意しても改善されるわけではないということです。内向的な子どもに「初対面の子に自分から話しかけなさい」と言っても、できるわけではありません。命令されて恐怖を感じたり、否定されたと感じて悲しくなったり、自信をなくしてしまったりするでしょう。これでは逆効果です。

本当に克服させたいと願うのであれば、まずは親が子どものことを「あなたは大丈夫だ」と思うことです。親が「あなたはきっと大丈夫だ」と思っていることは、必ず子どもにも伝わります。

そして、親が「あなたはきっと大丈夫」と確信するためには、子どもの性質とその特徴を理解している必要があります。

子どものことがよくわかっていると、子どもの短所がでているときも否定せず、長所を思い浮かべておおらかに受けとめられます。過剰な心配をせずに、子どものペースを尊重できるようになるのです。これは内向的な子どもや感じやすい子どもにとって、とくに大切なことです。

子どもが長所を発揮しているときは、言葉や表情で親のうれしい気持ちを伝えましょう。親が喜ぶ姿は子どもの励みになります。

このようないい循環がつくれると、子どもを大きく伸ばしてあげることができます。

しかし、そうわかっていても、いつもよい親でいることは誰にとってもとても難しいものです。子どもは、親に対しては甘えがでてわがままにふるまいます。また、親も子どもを大事に思うからこそ期待値が上がります。親のこころの余裕がなくなると、その期待値と現実のギャップからくるいらだちを子どもにぶつけやすくなってしまうのです。

だから、わたしたち親は100点を目指す必要はなく、ほどほどの親、点数にするなら51点の親になれたら、それで及第です。

本書では、読者の皆さんそれぞれが、子どもといい関係性を築いていけるように、内向的な子どもの内面や、困ったときにどう理解・援助してあげるとよいかについて解説しています。

また、望ましい子育てと望ましくない子育てが書かれていますが、望ましくない子育てをしてしまったり、やめられなかったりしたときも、自分を否定しないでください。

ただ、望ましくない子育てについて、あらかじめ知っておくことで、避けることができます。知っておくことが大切だと思いながらページをめくってください。

第1章は、内向的な子どもの性質について理解を深めていきます。

第2・3章では、学校や家庭生活で悩みが生じやすい場面ごとに、子どもの理解とサポート方法を解説します。ここからヒントを見つけて、子どもの持ち味を生かした成長を応援してあげましょう。

第4章では、内向的な子どもが将来どんな活躍をしていくかについて書いていきます。

子育てを通じて、親にも子どもにも学びがあることを願っています。

2024年5月　吉田美智子

子どもの性質をチェックしよう

本書では内向的な子どもを、内気な内向型と感じやすいHSC型にわけて解説します。それぞれの性質は1章で詳しく説明していますが、まずは、子どものタイプを調べてみましょう。このチェックテストは、すでにある性格テストと筆者の臨床経験からつくった内向型・HSC型を理解するためのものです。

当てはまる数が多いほど、その性質の傾向が強くなります。同数の場合は、お悩み別ごとの子どもの様子を見ながら内向・HSCどちらの性質で困っているのか判断しましょう。

ただ、このチェックリストで子どもの性質を完全に判定できるわけではありませんし、そのときの状況などによって変わりますので、目安として考えてください。

内向型

Check list

- □ ひとり遊びや、仲のいい少人数で遊ぶのが好き。
- □ 話すより文章や絵で表現するのが好き。
- □ 聞き役になることが多い。
- □ 自分のやり方でやりたい。
- □ 人の意見に影響されにくい。
- □ 自分で決めたら、他の人の意見に耳を貸さずにやり抜く。
- □ 「つまらない」と思ったらやらない。
- □ 「みんなで一緒に」が嫌い。
- □ 人と違っても気にしない。

当てはまった数　（　　）個

HSC型

Check list

- □ 大きな音が嫌い。
- □ 一度にいろいろなことが起こっていると嫌な気持ちになる。
- □ すぐにびっくりする。
- □ 誰かに見られていると緊張していつもよりうまくできなくなる。
- □ 小さなことでもすぐに気がつく。
- □ 周りの人の気分に影響されやすい。
- □ よいにおいのするものが好き。
- □ 感動しやすい。
- □ よいときと悪いときの差が大きい。

当てはまった数　(　　)個

声がけで伸ばす　内向的な子のすごい力　もくじ

1章　内向的な子どもを知る

2章 内向的な子どもの力を伸ばす 学校生活サポート

3章 内向的な子どもの力を伸ばす 日常生活サポート

4章 内向的な子どもの未来

＼ 購入者限定 ／
ダウンロード特典

本書をご購入いただいた読者のみなさまに、
次の4つのお悩み別にサポート方法を解説した
デジタル特典をご用意しております。

内向型・HSC型のお悩み番外編 ①
「学校の休み時間に外で遊ばない」

内向型・HSC型のお悩み番外編 ②
「給食が苦手／食べるのが遅い／偏食」

内向型・HSC型のお悩み番外編 ③
「学校のトイレに行きたがらない」

内向型・HSC型のお悩み番外編 ④
「友だちに無理に合わせているように見える」

下記よりダウンロードしていただき、
内向的なお子さんのサポートにぜひお役立てください。

URL	https://d21.co.jp/special/reserved/
ユーザー名	discover3048
パスワード	reserved

1章

内向的な子どもを知る

内向的な子どもは3タイプ

おとなしく、声が小さく、恥ずかしがり。下を向いて、あいさつができない。自分から声をかけられず、なかなか周囲になじめない。親から離れられず、友だちの様子を見ているだけ。友だちに意地悪されても「イヤ」と言えない。初めての体験が苦手。すぐに泣く。自信がない。行動がのんびりで他の子から遅れてしまう。このような内向的な特徴のある子どもを持つと、親は次のような気持ちや感情を抱いてしまうかもしれません。

不安……このままで大丈夫なの？　学校や社会にでてから困るのでは？　いじめられない？　親の育て方が悪いと思われているかも。

いらだち……なんでできないの？　他の子はできているよ？　もうちょっとがんば

ってほしい。勇気が足りない。

あせり……どうしたらいいの？　先が見えない不安でイライラ。

責任感……大人になっても困らない、ちゃんとできる子に育てないといけない。

罪悪感……自分に似たのかもしれない。親の力不足？

孤独感……この気持ちは外向的な子どもの親にはわからない。でも、内向的な子を受けとめている親もいるから、自分はダメな親なのかもしれない。「うちの子も内気だけど大丈夫だったわよ」という先輩ママの話を聞いても安心できない。

子どもを心配して「何かしてあげなければ」と思ったり、苦しくて悲しい気持ちになったりするでしょう。

もちろん、親が子どもの様子を見て心配することは大切です。でも、親が不安にのみ込まれてしまうのは、何より本人がつらいですし、子どもにいい影響を与えません。

親が子どもを心配しすぎないように、本書ではその対策法や内向的な子どもの隠れた力を伸ばすための接し方を説明します。

具体的な接し方について話す前に、内向的な子どもとは、どんな性質や特徴を持っているのかについて知識を深めていきましょう。なぜなら、一概に内向的と言っても、いろいろなタイプがあるので接し方が少しずつ変わってくるからです。物事に消極的で、行動がゆっくりだから内向的と決められるわけではありません。逆に、内向的だからおとなしくて主張しないわけでもないのです。

まずは、内向的な子どもについて知ることから始めていきましょう。

内向型・HSC型・トラウマ型

内向的という特徴については、さまざまな考えや研究があり、統一されていませんが、この本では次の3つにわけて考えていきます。性質をわけるほうが性格を理解しやすく対応策を検討しやすくなります。

内向型・HSC型・トラウマ型の特徴

	子どもの傾向	悩み	対応方法
内向型	ひとりを好む、自分の世界がある、マイペースな子ども。	「みんなと一緒」がストレスになる。	本人のペースとスペースを尊重する。
HSC型	感じやすく影響を受けやすい、環境感受性が高い子ども。	刺激を受けることが、人一倍つらい体験になる。	苦手な刺激・環境に配慮する。逆風より順風の子育てが望ましい。
トラウマ型	傷つき体験から自信を失っている子ども。	傷つきの影響で本人らしさを発揮することができない。	傷つきに気づいてケアする。関わり方を見直し、安心感と信頼感を回復する。

①内向型……芯が強く、個性的な子ども。

②HSC型……周囲の影響を受けやすく、逆風の環境では萎縮しやすいが順風のときは誰よりも輝く。環境感受性が高い。

③トラウマ型…今までの傷つき体験の影響から情緒不安定になったり、消極的になったりしている。

HSCとは、Highly Sensitive Childの略で、生まれつき敏感で周りの刺激を受けやすい性質の子どもを指します。アメリカの心理学者エレイン・アーロンが提唱し、日本でも「繊細な子ども」「人一倍敏感な子」などと呼ばれ、耳にしたことがある人も多いはずです。

内向型とHSC型は、性質が近いので特徴が重なる部分があります。パーソナリティ研究で有名なドイツの心理学者ハンス・アイゼンクは「内向的な人は少しの刺激でも強く反応し、刺激を避けようとする」として、内向性には感受性の強さが含まれることを示しています。また、アーロン博士は「HSCの中には内向的・外向的どちらのタイプもいる」と言っています。

人の性質は、はっきりと判別できるわけではありませんが、本書の冒頭にある内向型・HSC型のチェックシートも参考にしながら、子どもの性質を確認してみてください。

ここにトラウマ型を加えた理由は、傷つき体験のある子どもが内向型やHSC型だと誤解されることがあるからです。傷ついた出来事があると、元来の性質にかかわらず人は誰でも消極的になったり、些細なことに敏感に反応したりします。

それが、内向型やHSC型の性質と重なるので、区別が難しくなります。

トラウマという言葉から、虐待やネグレクトをイメージするかもしれません。しかしそうではなく、小さい日常的な傷つきがケアされないまま、傷つき体験が繰り返されることでトラウマになることがあります。

たとえば、あいさつできないことを人前で叱る、もしくは「なんでできないの？　もう知らない」と突き放すと、子どもは不安や怒り、悲しみを感じます。本来、親は子どもにとっての安心基地であるために、このように親に冷たくされると子どもは完全な孤立状態に陥り、目がチカチカし、心臓がドキドキし、身体が硬直したり、冷たい汗をかいたりします。頭の中は不安と恐怖でいっぱいになり、何も考えられない状態です。親がこの状態に気がつかずに、フォローやケアをせずに繰り返すと、子どもは自分の中に閉じこもりがちになります。さらに、情緒不安定になったり、些細なことに傷つきやすくなったりするのです。

この状態が、内向型やHSC型と誤解されることがあります。トラウマ型は、傷のケアが必要なので、内向型やＨＳＣ型とは異なる理解と対応が必要です。

表面的には同じ特徴に見える性質であっても、それぞれ対応策が違ってきますので、内向型・ＨＳＣ型・トラウマ型について、詳しく説明していきます。

①内向型タイプ

内向型・外向型の研究でもっともよく知られているのは、スイスの精神科医ユングです。ユングは、患者理解のために「言語連想実験」というテストを制作しました。そのテストを実施する中で、自己中心的で主観的な反応をするグループと、非個人的で抽象的な反応をするグループがあることに気づいたのです。

ユングは研究を重ね、それらを内向・外向とわけ、やがて「思考」「感情」「直感」「感覚」の4つのこころの働きとあわせて理解する『タイプ論』を発表しました。ユングは、人の興味関心が内向きか外向きかで「内向―外向」を判断しました。

【ユングの内向と外向】

内向……日常的に自分の内面に興味関心を向け、自分の感じ方・考え方を大事にする。周りの様子や気持ちに気づいていないわけではないが、主観的な意思決定をする。性格は内気で何事もじっくり考えるため時間がかかる。新しい環境・関係が苦手で、慣れると力を発揮する。マイペースで芯が強い。

外向……日常的に自分の外界に興味関心を向ける。他者との関係を大事にし、関係にそった意思決定をする。性格は、陽気で社交的。争うことがあっても関係を断ち切ることはない。新しい環境でも苦労なく周りに溶け込める。好奇心が強く新しいことにチャレンジするのが好き。人に影響されやすく芯が弱い。

さらに、ユングが提案した「思考」「感情」「感覚」「直感」の4つのこころの機能について簡単に説明します。

たとえば、デザートにイチゴがでてきたとします。思考タイプの子どもは、「ビニールハウスで育てるから冬にもイチゴが食べられるんだなぁ」のように考えます。

感情タイプの子どもは、「ママはイチゴ好き？　わたしはイチゴを食べているときが一番幸せ！」のように、イチゴを通じて自分や周りの人の気持ちを知ろうとします。感覚タイプの子どもは、「この前食べたイチゴのほうが大きくて甘かった。今日のイチゴは小さくて酸味もあるけど、香りは今日のほうがいい」などと考えて、自分の中でマッピングします。直感タイプは、イチゴから着想を得て絵を描いたり、歌やお話を考えたりする子どもです。

下の図のように4つのこころの働きは、それぞれ対極関係にあります。わたしたちは、無意識に得意な機能を使い、反対側に位置する苦手な機能は避けるようになります。

思考タイプの人は論理的な思考に優れ

4つのこころの機能の配置図

ていますが、自分の気持ちを把握するのは苦手で、「好きか嫌いか」を聞かれても「考えたことがない」「わからない」と言ったりします。逆に感情タイプの人は自分や他者の気持ちを細やかに理解しますが、そのぶん論理的思考が苦手です。

感覚タイプの子は、ディテール（細かい部分）の把握に長けています。先ほどのイチゴの例で言えば、イチゴの外見や味、匂い、ジューシーさなどを細かく把握して、他のイチゴとの違いを分類して理解します。NHKで放送された朝ドラ『らんまん』のモデルになった世界的な植物学者の牧野富太郎や、タレントで東京海洋大学名誉博士のさかなクンのように、分類学に長けた人は感覚タイプの代表です。絶対音感がある人も感覚タイプかもしれません。

一方、直感タイプはパッと全体像を把握してインスピレーションを得て、まったく別の何かを考えだします。代表例は、アップル・コンピューターの創始者であるスティーブ・ジョブズです。ジョブズは日本の陶器が好きで、来日した際にはギャラリーをめぐったり、焼物作家に作品をオーダーしたりしていました。皿や壺の形や手触りが、ころんとした丸みのあるカラフルなｉＭａｃに影響を与えたのではないかと言われています。陶器にインスピレーションを得てコンピューターを開発するという、他の誰にも思いつかないことを発案できるのが直感型の特徴です。

ユングが大事にしたのは、タイプわけそのものではなく、自分の得意と不得意を理解したうえでさらに成長し続けることでした。ユングはこれを「個性化」と呼び、とても大切にしました。

たとえば、人前で発表するのが苦手で避けていた人が、避けてばかりではいけないと考えるようになり、自分なりのプレゼンテーションスタイルをつくっていく。または、他人の感情に鈍かった人が、子育てを通して人と情緒的につながる喜びを感じられるようになる。これらが個性化の一例です。

子どもが、新年度を機にもっと積極的になろうと考えたり、就活をきっかけに人見知りを克服するぞと挑戦するのも個性化です。

ところで、ユング自身は自分を内向的思考タイプだととらえていて、コミュニケーションや感情的なやりとりが苦手だと考えていました。晩年、知人に「コミュニケーションがうまくいかず申し訳なかった」と謝るエピソードが残されています。この言葉から、ユングが苦手なことに取り組み続けていたことが推察されます。

興味深いことにユングは自分を思考タイプと考えていましたが、ユングのことを直感タイプだと考える人たちもいました。このように、人をタイプわけすることは専門家でも難しいことを知っておいてください。

わたしたちは内向と外向の間にいる

ユングと同時期に活躍したスイスの精神科医ヘルマン・ロールシャッハは、内向と外向を次のように考えました。

【ロールシャッハの内向と外向】
内向……個性的、独創的、感情的、他人より自分を信頼
外向……客観的、外に向かう生き方、現実適応的

ロールシャッハは、内向型を創造性と結びつけてとらえました。これは、他のパーソナリティ理論や性格テストには見られない視点です。芸術などの創造過程では自分の内面と向き合う必要がありますから、言われてみれば当然のことのようにも感じられますね。

ロールシャッハは、ひとりの人間の中に内向・外向どちらの要素もあり、その割合の違いがその人らしさをつくると考えました。

ユングやロールシャッハ以降、さまざまな性格テストが開発されました。そのひとつである先述したドイツの心理学者アイゼンクが開発したMPI（モーズレイ人格検査）には、典型的な内向型と外向型が次のように記述されています。

【アイゼンクの内向と外向】

内向……物静かで内気な人、内省的。人と接触するよりは本を読むほうを好み、親しい友だちは別だが無口でよそよそしい。何事も実行する前にあらかじめ計画を立てて、非常に慎重。日常生活の諸問題を生真面目にとりあげ、秩序だった生活様式を好む。攻撃的な行動はほとんど示さず、すぐに腹を立てない。信用できるが、いくぶん悲観的で倫理的な基準に価値を置く。

外向……社交的で会合やパーティを好み、友だちが多く、話し相手を求める。ひとりで読書したり仕事をしたりすることは好まない。刺激を求め、その場の勢いで行動する衝動的な人。いたずら好きで、変化を好み、気苦労がなく、楽天的。攻撃的ですぐ腹を立て、常に信用できるとは限らない。

ただアイゼンクは、この分類にすべてあてはまる人はまれであり、多くの人は内向型と外向型の中間にいるとしています。

さらにアイゼンクは、内向型と外向型の違いを脳の働きで理解できないかと研究しました。すると、内向型の人は刺激的な物事に反応しやすいために活発な活動から離れたがる傾向があり、外向型の人は刺激を受けにくいため、より活発な活動を求めることがわかりました（1976）。

アイゼンクをはじめ、これ以降の心理学者たちは、科学的にこころを理解しようと研究を重ねるようになっていきます。

アメリカの発達心理学者ジェローム・ケーガンは、赤ちゃんにアルコールを嗅がせたときの反応を観察し、泣いたり手足をバタバタさせたりする高反応なグループと、落ち着いた態度の低反応グループがあることに気づきました。

赤ちゃんが11歳になったときに再度実験をしたところ、赤ちゃんの頃に高反応だったグループは、慎重で内省的な態度をとることがわかりました。ケーガンは「高反応グループは、不安や恐怖を感じたときに活動する脳の部位である扁桃体が興奮しやすく、成長しても初対面の人と会うときや新しい環境での変化に敏感に反応する」また「ユングの内向型と一致する傾向が見られる」と説明しました（2

004）。

外向型の性質が社会的成功のカギになる？

精神医学や心理学の世界で研究されていた内向型が、一般的に広く知られるようになったのは、2012年にスーザン・ケインの『内向型人間の時代―社会を変える静かな人の力』（講談社 2013）が世界的なベストセラーになったことがきっかけです。ケインは、ハーバード・ロー・スクール出身の弁護士で、自分の内向型の性質が短所ではなく長所であると考えました。

アメリカ人といえば外向的で社交的なイメージがありますが、ケインによれば、それは工業化や都市化といった社会の変化によってもたらされたものでした。小さなコミュニティで暮らしているときと違い、大勢の見知らぬ人たちの集まりの中で生きるためには、自分から積極的に他者に働きかける外向性が必要です。そして、その外向性が社会的・経済的な成功を左右するようになりました。

そのうち内向性は、残念な性格と病的な性格の中間で克服すべき課題であるとされ、内向型の人は外向性を身につける努力を強いられるようになりました。ケインも、自分の内向型の性格を恥じていたと書いています。ハーバード大学で法律を修め、弁護士として働くようになっても自分は静かすぎて消極的で、思慮深すぎると考えて自信を持つことができませんでした。

しかし、自分を高く評価してくれる顧客に出会ったことを通じて、次第に内向型の性質は短所ではないことに気づきます。ケインの主張は、同様の悩みを抱えていた人々から熱狂的に受け入れられました。

日本などのアジア諸国は、欧米と比べると内向型の国民であるといわれます。日本では自己主張より調和や協調性が大切にされ、ことわざの「実るほど　こうべを垂れる　稲穂かな」のように立派な人ほど謙虚であるという価値観があります。また、日本文化には「わび・さび」のように質素さや静けさ、余白を味わう性質があり、これらはどれも内向型に親和的な文化です。

日本人の内向性は、海外交流の場面でもよく指摘されてきました。言葉や文化の違いから遠慮がちになるため、日本人は「シャイ」と言われることが多いですよね。そういう事情もあり、国際交流は外国語やコミュニケーションが得意な人にお任せする時代もありました。しかし、インターネットの普及とともに人・物・経済のボーダーレス化が進み、今では誰もが臆せずに国際交流できることが必要になっています。

その結果、アメリカがかつて経験したように、日本でも外向型の性質が社会的成功のカギであるという価値観のシフトが生まれました。コミュニケーションやプレゼンテーションが必須技能とされ、大人のみならず子どもの教育にも取り入れられるようになったのです。知らない人とのコミュニケーションやプレゼンテーションは、外向型の子どもたちのほうが得意な分野なので、内向型の子どもの子育てに不安が生じやすくなります。

しかし幸運なことに、わたしたちはケインらから学ぶことができます。内向型・外向型、どちらもそれぞれに得意と不得意があり、どちらかが優れている・成功するわけではないのです。

②HSC型タイプ

先述したアメリカの心理学者アーロンは、子どもの頃から騒がしさが苦手で陰に隠れるようにしていたといいます。カリフォルニア大学を最優秀の成績で卒業しても自信が持てなかったアーロンでしたが、カウンセリングを通じて自分の敏感さは欠点ではないのかもしれないと気づきました。

そして、アーロンのような敏感さを持つ人は一定数見られ、尊重されるべき資質であると発表し、HSP（Highly Sensitive Person・非常に敏感な人）と名づけました（1986）。

この考え方は、アーロンと同じような思いをしてきた多くの人々に強く支持され、これまで30年以上にわたって研究が重ねられています。HSPは、生まれつき感じやすく敏感に反応しやすい性質であり、人口の15〜30%ほどいるといわれています。そして、HSPの資質を持つ子どものことをHSC（Highly Sensitive Child）と呼ぶようになりました。

HSCは、赤ちゃんのときから音や光に敏感に反応して、いったん泣きだすと気持ちが落ち着くまでに時間がかかる特徴があります。親と一心同体の赤ちゃんの時期は、どんなタイプの赤ちゃんでも親が緊張する場面で不安定になりやすいものですが、HSCの赤ちゃんはその現象がより強く表れます。

また、見知らぬ人や場所に対しても慎重で、慣れるまでに時間がかかります。入園入学などのライフイベントでも、環境になじむまで人より長い時間を要するでしょう。しかし、一度なじんで安心と居心地のよさを感じると、新しい生活を楽しめるようになります。家庭では、本人が落ち着ける時間と場所をつくって、疲れを残さない生活リズムを心がけることが大切です。

HSCは蘭の花タイプ

「HSC＝繊細な子ども」は、花にたとえるとわかりやすく説明できます。温度や水など適度な環境管理を必要とする蘭の花は感覚感受性の強いHSC、逆にどんな環境でもたくましく花咲くたんぽぽは感覚感受性の弱いタイプ、その中間がチューリップです。

蘭タイプは、よい刺激と悪い刺激のどちらにも影響を受けやすい性質です。逆境においてストレスを感じやすいですが、恵まれた環境においては誰よりもその恩恵を享受して成長します。

たとえば、学級崩壊の傾向があるクラスでは、蘭タイプの子どもたちは強いストレスを受け、教室にいることをとてもつらく感じます。勉強に集中できず成績が落ちたり、登校を嫌がったりするかもしれません。

対して、たんぽぽタイプの子どもたちは、学級崩壊に気づいてはいるもののその環境に振り回されずに勉強したり遊んだりすることができます。

真ん中のチューリップタイプは、クラスの雰囲気に気持ちが乱れたり集中できなくなったりしますが、なんとか気持ちを切り替えてがんばれる子どもたちです。

このように、環境感受性の強弱によって、同じ条件でも子どもたちの適応に差が生まれてきます。

では、よい環境の場合はどうなるでしょう？

先生や生徒同士の信頼関係が

環境感受性の強弱と割合

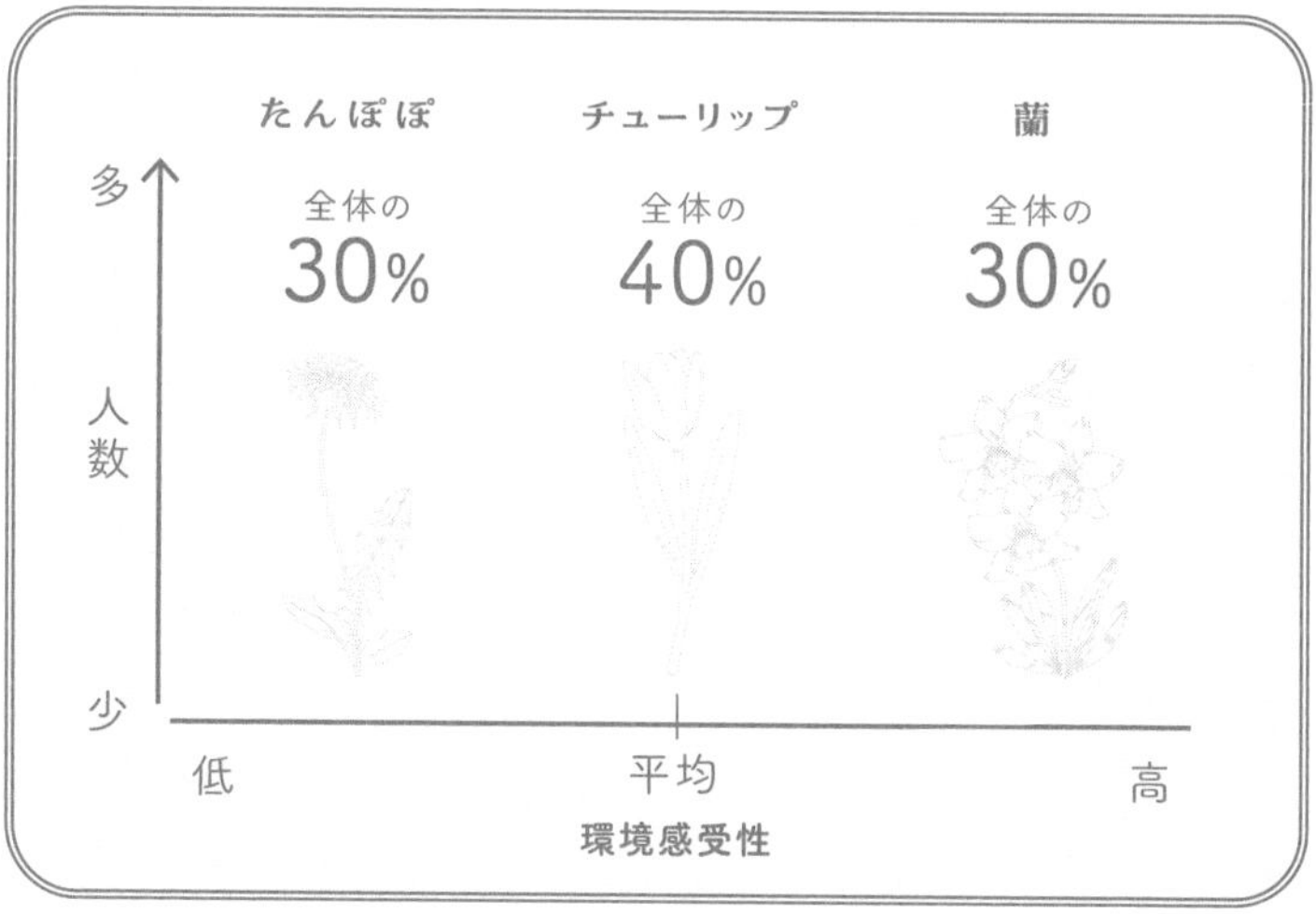

Dandelions, tulips and orchids: evidence for the existence of low-sensitive, medium-sensitive and high-sensitive individuals (2018)

あり、子どもたちが意欲的に勉強や活動に取り組める居心地のいい環境のとき、もっともその恩恵を受けるのが蘭タイプの子どもたちです。先生の期待に応えて、自発的に勉強や活動に取り組み、リーダーシップを発揮するなど、自分の持ち味を最大限生かして成長します。たんぽぽタイプの子どもは、もちろん温かく楽しい雰囲気をうれしく思うものの、いつもと違う行動を生みだすまでの変化はないでしょう。

困難を乗り越える力を親子で育てる

HSC型の子どもたちは、生まれたときからレジリエンス（困難をしなやかに乗り越えて回復する力）が低い傾向であるといいます。生まれつきのレジリエンスとは、楽観性、気持ちをコントロールする力、社交性、行動力から構成されると考えられています。

レジリエンスには生まれつきのものだけではなく、自己理解、他者理解、問題解決志向という後天的に身につけられるものもあります。お茶の水女子大学の平野真理准教授は、ＨＳＣ型の子どもが、自分の性質や苦手なものを把握して、自分と他者の気持ちを理解しながら、自分でストレス状況から立ち直る力を持つことが大切だと言います（２０１０／２０１２）。

ですから、親が子どもの性質や苦手なことを把握した子育てをすること。さらに、子ども自身や周囲の友だちの気持ちの理解を手伝い、ストレス解消法やリラックス法などについて親が子どもと一緒に考えることで、ＨＳＣ型の子のレジリエンス獲得をサポートできるのです。

具体的なＨＳＣ型の子どもへの接し方については、２章以降から詳しく説明しますので参考にしてください。

内向型とＨＳＣ型の違い

内向型とＨＳＣ型の違いについては、アーロンやケインをはじめ、研究者によって意見がわかれています。なぜなら、この2つが「内向型―外向型」のように相反するものではなく、自分の感覚や内面を優先する点で似ており重なるからです。

この本では、内向型を「内向きで頑固なマイペース」、HSC型を「よくも悪くも環境の影響を受けやすいタイプ」と定義して別々に考えます。このように定義すると、子どもの理解とトラブルへの対応策が考えやすくなります。

発達障害とHSC型の違い

アーロンをはじめとしたHSC研究者は、HSCと発達障害とは異なるとしています。しかし実際は、似ているところがあり判別しにくいのも事実です。では、どのようなところが似ているのでしょうか。

発達障害とは、脳の発達のアンバランスによって生じ、主なものにASD（自閉症スペクトラム）、ADHD（注意欠陥・多動性障害）、LD（学習障害）があり、それぞれの特徴は次のようになります。

【発達障害】

ASD（自閉症スペクトラム）

相手の気持ちや表情、暗黙の決まりごとなどを理解するのが難しかったり、発達障害ではない定型発達者とは異なる理解をしたりします。そのため、コミュニケーションがうまくいかずにストレスを抱えたり、相手に他人を顧みない一方的な態度ととらえられて対人関係がうまくいかなかったりします。定型発達者が多数を占める社会では生きづらさを感じることが多くなるでしょう。

また、心地よいと感じる幅が狭いため、変化を嫌い、物事へのこだわりが強く現れることもあります。聴覚、視覚、嗅覚、触覚、味覚など、さまざまな感覚の過敏性を持つ人もいます。

ADHD（注意欠陥・多動性障害）

注意が散漫になりやすい、もしくは過度に集中して休みなく続けてしまうことがあります。衝動性が強く、「落ち着きがない」「気まぐれ」に見られる場合もあります。持ち物の管理や時間の見通しを立てるのが苦手なため、「だらしがない人」と思われてしまうことも。周囲の理解が得られずに、叱られることが多くなると自信をなくしてしまいます。

LD（学習障害）

知的な遅れはないのに、本を読むのが苦手、文字を書くのが苦手、計算するのが苦手など、極端に不得意なことがあります。全般的な遅れがないため努力不足と誤解されてしまうこともあります。

これらの発達障害は、どれも「ある・ない」でわけられるのではなく、スペクトラムといってグラデーションがある状態や、ASDとADHDをあわせ持つなど、人によってさまざまです。また、発達障害の傾向はあるものの診断基準は満たさない、いわゆるグレーゾーンと呼ばれる場合には、HSC型との区別がつきにくいことが多くなります。

HSC型の些細なことに気づいて動揺しやすい性質は、ASDやADHDにも見られる特徴です。また、「空気の読めないASDと空気を読みすぎるHSC」と異なる点が強調されることがありますが、ASDには自分の特性をカモフラージュして、空気を読みすぎてくたびれ果ててしまう人もいて、判別基準にできません。

熊本大学の菊池哲平教授によると、15歳から59歳までの男女900人に、HSP、ASD、ADHDの特性を調べる自己チェック式テストを行ったところ、HSPの得点が高い人はASD／ADHDのどちらか、または両方でも得点が高いことがわかりました。

つまり、ＨＳＰとＡＳＤ／ＡＤＨＤの特性は重なる要素があり、ＨＳＰと発達障害の区別をするには自己チェック式のテストでは不十分で、脳神経を計測するなどの方法が必要だと結論づけています。

脳の働きを測定してＨＳＰの特徴や発達障害との違いを明らかにしようとする研究はすでに行われているので、今後新しい見解が得られるでしょう。

このように、発達障害とＨＳＣの違いを理解するのは簡単ではありません。ＨＳＣと思われる特性により、日常生活を送ることが困難でつらい思いをしている子どもは、発達障害や抑うつなどの病気、トラウマなどの影響も考えられます。その場合は、専門機関に相談することをおすすめします。

内向型・HSC型の子どもの力を伸ばす接し方

内向型とHSC型の子どもの力を伸ばすには、具体的にどんなことをするといいのでしょうか。「してあげたいこと／しないほうがいいこと」について説明していきます。まずは、左記の4つの「してあげたいこと」から見ていきましょう。

【内向型・HSC型の子の力を伸ばす基本の接し方】

①子どもの安心を優先
②子どもの好きなことに協力
③子どものペースを尊重
④子どものいいところを認める

①子どもの安心を優先

複数の子どもと一緒に新しい遊びをするときに、内向型・HSC型の子が不安を感じていたら、「怖くない」「やってごらん」と不安を否定して背中を押すよりも、子どもの不安を受けとめることが必要です。

親に不安を否定されて退路を断たれた子どもは、その場では他の子と同じことができたとしても無理にテンションを上げて乗り切っているだけで、こころから楽しんでいるわけではありません。もし本心から楽しめているなら、次は自分でチャレンジするはずです。しかし、以前と同じように嫌がるようなら、不安を否定して背中を押す方法が子どもにとって望ましくないとわかります。

親は基本的に、子どもの不安を受けとめて無理強いしないことが重要です。子どもがその場に慣れて、安心するまで一緒にチャンスを待ってあげましょう。誰かに誘われるなどのタイミングで自分から仲間に加わることができたら、それは子どもにとって自信を持てる体験になります。この繰り返しによって、子どもは家族以外の人に対する安心感や信頼感を持てるようになっていきます。時間はかかりますが、子どもに無理なく自信を持たせてあげられます。

無理に背中を押す方法だと、子どもの中に信頼感や自信は得られず、その場限りになってしまうので、いつまでも親が背中を押し続けなければなりません。

②子どもの好きなことに協力

子どもの好きなことを目いっぱいさせてあげることは大切です。

好きなことが一人遊びだと、親はつい「外でお友だちと遊んだら？」と思ってしまいますが、子どもの「好き」は何よりの宝物で、内向型とＨＳＣ型の子どもにとってはいっそう大切なものです。なぜなら、誰にも邪魔されず存分にこころと身体を遊ばせる時間が、子どもの思考力・創造力・自律心を育むからです。

子どもが好きなことに没頭できるように、時間と場所の確保や物品の準備に快く協力してあげましょう。また、親が一緒に遊んだり、興味を持って子どもの作品を眺めたりするのもよい方法です。

③子どものペースを尊重

内向型の子どもは自分のやりたいことやペースを尊重してもらえないと、強いストレスを感じます。イライラしたり、物事を投げだしやすくなったり、口ごたえが増えたりすることもあります。たとえ要領が悪く不器用に見えても、子どもが自分でやりたいという気持ちを尊重してあげてください。

逆にHSC型の子どもは、周りの意向をキャッチして合わせてしまいがちです。大人側が気をつけて、子どものペースを守る必要があるでしょう。

④子どものいいところを認める

子どものいいところを見つけて、認めてあげましょう。内向型・HSC型の子どもには、たとえば次のような長所があります。

【内向型のいいところ】

●自分なりの考えがある

自分で理解・推測をして、慎重な行動をとり、自分なりのやり方にカスタマイズします。いつも見直しをして、よりよい方法を模索します。

●独自の世界観がある

内向的な子どもは、なんでもよく考えます。人に言われたことや教わったことを鵜呑みにせず、自分にとっての意義や価値をよく考えてみたいのです。それが独自の世界観を生みだします。

●責任感がある

自分のことは自分で決めたいと思っています。決めたら納得するまでやり抜きます。芯が強く、流されず、妥協しません。人当たりがよいほうではありませんが、裏表のない誠実さから周りに信頼されます。

●葛藤する力がある

葛藤というのは、何か2つ以上の大切で譲れないことがあるときに、悩んで考えることをいいます。葛藤するためには、2つ以上のことを抱えて考えるだけの内面の容量が必要です。内面に十分な余裕がなくて葛藤できないと、安易に楽なほうを選んだり、他の人の意見に流されたりします。

【HSC型のいいところ】

●人の気持ちがわかる

人の気持ちを理解するのが得意です。「相手がどのような気持ちでいるのか」「笑顔だけど心配事があるようだ」「顔にはだしていないが何か怒っているようだ」など、隠された気持ちや複雑な気持ちに気づきます。人の気持ちを理解する力は、ひとりの人に対してだけでなく、グループやクラスなど集団に対しても発揮されます。

●思いやりがある

相手の気持ちに共感することができます。自然と相手を気遣い、困っていたら助けようとしたり、思いやりのある言動をします。

●洞察力がある

一を聞くと十を知る洞察力があります。また、嘘を見抜く力もあります。表面的なことだけでよしとせず、物事の本質は何かを理解しようと努めます。

●感受性の高さと想像力

感受性が高く、想像力が豊かです。日常生活の小さなことにも喜びを見つけます。また、文学や音楽、芸術に触れて感動でき、想像力を使って自分も表現してみたいと願います。

子どもの年齢によっては、長所はまだうまく発揮されず、内気で頑固、人の気持ちに影響を受けやすいといった短所に目がいきやすいかもしれません。しかし、子どもの性質を短所と誤解して直そうとすると、可能性を潰してしまう危険があるので注意が必要です。

また、内向型・ＨＳＣ型ともに自信がないと誤解されやすいですが、そんなことはありません。自信満々な態度を見せないので気づかれにくいですが、ちゃんと自信を持っていますから安心してください。

内向型もＨＳＣ型の子どもも、とてもいい持ち味があるので、その性質を肯定して育ててあげることが大切です。

内向型・HSC型の子どもに避けるべき接し方

内向型・HSC型の子どもへ「しないほうがいいこと」について話していきます。
もしかしたら子どもへの心配が先に立って、すでに次の4つのような接し方をしているかもしれません。でも、大丈夫です。これから接し方を変えていけばいいだけですし、もしこのような接し方をしても修正すればいいのです。

【内向型・HSC型の子にしないほうがいいこと】
①内気さ・感じやすさを欠点と考えて変えようとする
②大人のアドバイス通りにさせる
③不安を無視してがんばらせる

①内気さ・感じやすさを欠点と考えて変えようとする

人の性質は、長所と短所がペアになっています。内気さや感じやすさを欠点だととらえて変えようとすると、長所も失うことになります。

また、親が欠点を変えようとすることは、よい子は受け入れるが悪い子は受け入れないという条件つきの愛情表現になってしまいます。さらに、親が子どもの欠点にダメだししたときの影響が強く作用して、子どもに大きなダメージを与えてしまう危険もあるのです。親に長所も短所もひっくるめて丸ごと「大切な存在」と受け入れてもらうことで、子どもはどんなときでも自分を肯定できる力（自己肯定感）を持てるようになります。

欠点を克服できるのは、子どもが自分の意思で変えようとするときだけです。子どもを信じて、そのときを待ってください。

②大人のアドバイス通りにさせる

ＨＳＣ型は大人が善意でアドバイスすると、できるだけ従おうとするタイプです。内向型は自分のやり方でできないことが苦しく、イライラして反抗的になります。

どちらのタイプでも、大人のアドバイス通りにさせようとすると、子どもは自分で考えることをあきらめて、ただ従えばいいと思ってしまうので注意が必要です。

大人の言うことをよく聞ける子どもはお利口さんに見えるかもしれませんが、自分で考えて行ったわけではないため、きちんとできても自信はつきません。

たとえうまくできなくても子どもの力でトライする体験は、子どもの意欲、好奇心、自立心を育てるので口をだしすぎないようにしましょう。

③不安を無視してがんばらせる

不安をのみ込んでがんばった成功体験を積むと、不安が克服できる子になると思われるかもしれません。しかし、そのときは成功しても、継続的に不安を乗り越えられるようになるわけではありません。

内向・ＨＳＣ型の子どもは、親に強く押されると不安をのみ込んでがんばります。不安をのみ込むクセがつくと、解消されないままの不安が子どもの中で増大し、心配性で消極的、回避的になったり、場合によっては不安障害という病気になることがあります。

不安なときは、子どもが安心できるようにしてあげましょう。親が「大丈夫だよ」という気持ちで一緒にいてあげたり、子どもが自分からチャレンジするまで待ったり、心配な気持ちを聞いてあげるなど、子どもが望む方法でサポートしてください。安心すると、子どもは自発的に親から離れてチャレンジできます。

④「ダメな子だ」と言う

子どもにとって、親は特別な存在です。とくに小学校低学年くらいまでは全知全能の神様のような存在で、絶対的な安心感と信頼感の源です。

そのため、親から言われる言葉は、子どもに大きな影響を与えます。「ダメな子」と言われたら「自分はダメな子なんだ」とそのまま信じてしまいます。内向型の子どももＨＳＣ型の子どもも、親の言葉は人一倍強く受けとめるので注意しましょう。うっかり言ってしまったときは、「でもいいところもあるから成長が楽しみだ」とつけ加えてください。つけ足した言葉は、子どもだけでなく、自分をも勇気づけます。

また、子どもの欠点ばかりに目がいって、自分（親）が不安一色に塗りつぶされていると感じたときは、ストレスが高くなっています。その場合は、信頼できる人に話したり、リフレッシュする時間を持ったりして、こころの状態を調整してください。

人の性質は、遺伝と環境の両方の要素で決まります。

子どもが変わるには、よいところも悪いところもそのまま肯定してもらえる親子関係が必要です。そのうえで、子どもが自分の短所に気づき、変えたいと願うようになると、苦手だった自己主張や積極的なふるまいをするようになっていきます。このとき、試行錯誤できる環境や周囲の温かい励ましが、子どもの成長を後押しします。これが、環境要因です。

内気で感じやすい子どもも、成長とともに社会で生きるために必要なコミュニケーション能力や不安をコントロールする力を身につけていきます。「成長とともに」というのは、子どもによって早い遅いはありますが、10歳をイメージしてください。

なぜなら、子どもが自分や他人の考えていることがわかるようになり、どうふるまえばよいかを考え、**自分の行動をある程度コントロールできるようになるのは10歳前後**だからです。内向・HSC型の子どもたちは、自分のペースを乱されたり、大人のやり方を押しつけられたりすることにストレスを感じるので、あせりは禁物です。

10歳頃になると、学校生活にもなじみ、自分で目標設定をして努力できるようになります。係や委員に立候補したり、苦手意識はあるけれど人前で発表したり意見が言えるようになっていきます。

子どもの成長を感じたときには、他の子どもと比べたりせずに素直に喜んで、うれしさと努力をたたえる気持ちを子どもに伝えましょう。すると、子育てによい循環が生まれます。

コミュニケーションに不安を感じるのはなぜか

人見知りで消極的な子どもに対して、「大人になって困るのではないか？」と不安に感じる人もいるでしょう。でも先述したように、子どもたちは成長とともに対人信頼感やコミュニケーションスキルを身につけていきます。

大人になっても、不安や緊張からあいさつなどのコミュニケーションがとれないのは、元来の性質によるものではなく、不安障害やコミュニケーション障害の症状が疑われます。

不安障害やコミュニケーション障害になる理由はさまざまですが、自分を否定されたり、傷ついているのに誰にも気づいてもらえず我慢し続けたりした結果ということもあります。

たとえば、子どもの内向性や感じやすさを短所ととらえて直そうとすると、その方法によっては、知らないうちに子どもを傷つけてしまうことがあります。

その傷つきが癒されないまま育つとトラウマ型の子どもになり、大人になったときに不安障害やコミュニケーション障害に悩まされる可能性があります。次の項目では、そのトラウマ型について説明していきます。

③トラウマ型タイプ

内向的な子どもの中で3つ目のタイプとして紹介したのがトラウマ型（23ページ参照）です。「トラウマ」とは、こころの傷を指します。

生きていると、わたしたちは日々無数に傷つくことがありますが、そのほとんどは日常生活の中で自然と治癒・回復していきます。

自然な回復を助ける日常生活とは、おいしい食事と十分な睡眠がとれること、運動などの生活習慣や生活リズムが整っていること。それから、安心して過ごせる居場所や対人関係があることを指します。

このような日常生活をおくれていれば、失敗や衝突など数日にわたって気に病むことが起きたとしても、日々の生活の中で少しずつ傷が癒えていき、1〜2週間

トラウマと複雑性トラウマの違い

もすると忘れることができます。ですから、日々の傷つき体験を過度に恐れる必要はありません。

しかし、日常生活では回復させられない大きな傷つきもあります。

これには2種類あり、ひとつは大きな自然災害や事故に遭ってしまったときのような傷つき体験です。一回の大きな出来事でこころにかなり重い負荷が与えられることをトラウマと呼びます。2つ目は、些細な傷つき体験が繰り返されることで生じる慢性的な傷つき＝複雑性トラウマです。

複雑性トラウマは、虐待やDVから生じると言われます（国立精神・神経医療研究センター）。しかし、じつは親がこれくらいは普通と感じている日常的な子どもへの声かけや行動から生じることもあるので注意してください。

慢性的なトラウマにつながる不適切な子育て

現在子育て最中の世代（30〜50代）は、今なら不適切といわれる体験をして育った人が多くいます。つまり、自分たちが子どもの頃にされた経験から、このくらいの行動や叱責なら普通と思ってしまいやすいのです。

では、今の親世代が子どもの頃に広く行われていた不適切な子育てには、どんなものがあったのでしょうか。

不適切な子育て【どなる・体罰】

朝日新聞（2023年6月19日付）によれば、1980年代の父親の叱り方は①〜③であったとのこと。

①その場でよくわかるように説明する
②①がダメならどなる
③②もダメなら体罰を加える

今では、②のどなるも③の暴力も、してはいけない子育てであることが広く知られていますよね。でも少し前までは、家庭や学校でこのようなことはよく行われていました。

では、暴言や暴力はなぜいけないのでしょう？

それは、子どもの人権上の問題があるだけでなく、子どもに慢性的な傷つきを与えるからです。子どもに言葉で説明しても伝わらないとき、子どもは自分が悪いことをしたという理解や納得ができていません。そのため、力で脅して従わせるのではなく、わかるように説明する必要があります。もし子どもが感情的になっていたら、大人はそれを受けとめて、冷静に忍耐強く接しなければなりません。大人が冷静に対処することで、子どもは何がいけなかったのかを理解し、自分の気持ちをコントロールすることを学びます。

大人が「口で言ってもわからなければ身体で教えるしかない」とどなったり叩いたりすると、子どもは自分には理解できないことで一方的に叱られる怒りと恐怖、悲しみを感じて混乱するだけです。

このような関わりが繰り返されると、親の顔色をうかがい、親の前ではよい子にふるまいますが、こころの中ではただ怯えているだけで、成長することができません。自分はダメな子どもだと感じ、自信や自尊心を失ってしまいます。

不適切な子育て【心理罰】

心理罰というのは、「もうかわいいと思わない」「嫌いになった」などの表現で子どもにショックを与えることで、子どもの良心を育むという解釈です（姫岡勤京都大学教授1974）。かつては効果的な子育て方法と紹介されていたことに嫌悪を感じますが、今でも行われているかもしれません。心理罰には、大きくわけて次の4種類があります。

①存在否定……「そんな悪い子はうちの子じゃない」や「あなたなんていなければよかった」などと存在を否定すること。親としては、そのくらい本気で怒っているんだよと子どもに伝えて反省をうながすつもりですが、子どもは「自分なんかいないほうがいいんだ」と感じ、深い悲しみでいっぱいになります。

何度も繰り返し言われると聞き流すようになりますが、それでも親に否定される体験は少しずつ子どもの自尊心をけずりとっていきます。親の気持ちは伝わらず、子どもを不要に深く傷つけてしまうのでやめましょう。

②人格否定……だらしがない、うそつき、弱虫のように、あなたはこうだと決めつけて人格を否定すること。親は「事実を言っているだけ」「嫌なら直せばよい」と思うかもしれませんが、子どもは、「親が言うんだから自分はダメだ」と自信を失ったり、「どうせムダだ」と自暴自棄になったりします。

欠点をからかうこともいけません。容姿をからかうことや「不注意ちゃん」のように短所をあだ名にすることは、子どもを深く傷つけます。子どもが笑って受け流していても、悲しみを隠しているだけです。

直してほしいことは、わかりやすい言葉で冷静に伝えるのが一番効果的です。また、子どもが改善点をすぐに直せないときは、何度も言う必要はありません。一度言ってもできないのは、まだ親のイメージ通りに行動する能力が育っていないからです。繰り返し言ってもできるようにはならず、親子関係が悪くなるだけです。

助け舟をだしながら、子どもの成長を待ってあげてください。

③無視……暴言暴力より害が少ないと思われがちですが、「あなたはいなくていい」と態度で伝えることになるので、無視はしないでください。

親の不機嫌な態度で子どもをコントロールする方法もよくありません。子どもは常に親の機嫌をモニターしなければならず、安心できなくなります。すると、HSC型と同様の「相手の気持ちがわかる」「些細な違いに気づく」性質がつくられてしまいます。この場合の「相手の気持ちがわかる」性質は、ポジティブな意味ではなく、常に心理的に緊張して危険に備えているから備わったものなので、子どもの長所になりません。落ち着きがなくなり、人を避けるようになることもあります。伝えたいことは、言葉でわかりやすく伝えてあげましょう。

④感情を否定する…子どもが怒ったり泣いたりすると、大人は不快に思ったり、周りの迷惑を心配して「やめなさい」と禁じることが増えます。けれども、泣い

たり怒ったりしている子どもに「泣くな」「怒るな」と言っても、感情をコントロールすることはできません。子どもの感情を受けとめられる場所で、気持ちが落ち着くまで待ってあげる必要があります。

「泣くな」「怒るな」のように親が強い言葉と態度で否定し続けると、子どもは次第に泣いたり怒ったりしなくなることがあります。それは、感情コントロールができるようになったわけではなく、感情を表現してはいけないと刷り込まれた結果、凍結するようになっているだけです。「うれしい」「楽しい」という気持ちも感じられなくなったり、自己否定的になったり、かえって気持ちのコントロールが難しくなります。

大人になって、アンガーマネジメントができず苦しむ人の中には、感情を禁じられた経験を持つ人が見られます。このように子どもの頃の影響は大人になっても続きますからやめましょう。

以上の4つの他にも、

無理にがんばらせる……逆境が人を強くすると思う人もいるかもしれませんが、それは幻想です。

長時間叱る……短時間のほうが伝わります。

他者と比較する……子どもが嫌な気持ちになるだけです。

きょうだい間で差をつける……男の子／女の子、兄・姉／弟・妹の誰かを特別扱いしても、男の子／兄／姉だからがんばる、もしくは下の子のお世話をするなどの自覚は育ちません。

これらの心理罰は、昔はよく行われていましたが、今は子どもにいい影響はないことがわかっています。

内向型・HSC型・トラウマ型の見わけ方

子どものトラウマは、子ども自身も親も気づきにくく、子どもが大人になるまでわからないことも少なくありません。

子どもは、親から叱られて嫌だ・怖いと感じますが、それが不適切かどうかの判断はつきませんし、おかしいと感じても言葉にして説明することができません。まだ子どもなので、これが普通なんだと受けとめ、自分のせいだと理解してしまいます。

そのため、なんとか親の願い通りにしようと努力します。

親の言葉を親の意図以上に受けとめてしまい、何かあるごとに「自分はダメだ」と烙印を押すようになることもあります。逆に、親の価値観を自分にとりこんで、優等生のふるまいをすることもあります。

一方、親は子どもへの愛と不安が強いほど、また、子育てが孤独であるほど、子どもに対して親の願いを強く押しつけやすくなります。子どものペースを尊重する余裕がないからです。

子どもは、どんなに小さくても、親の期待に応えたいと願うので、無理をしてもがんばろうとします。でも、無理から生じるストレスや傷つきが原因となり、引っ込み思案になったり、不安が強くなったりします。すると、傷つきが原因にもかかわらず、内向・HSC型と誤解されやすくなってしまうのです。

子どもが、自分の気持ちを上手に話せず、自分の世界に引きこもる遊びをしていても、おおむね満足して幸せそうであれば内向型。表情が乏しく周りの人を遮断するような様子が見られるときはトラウマ型です。

また、先述したようにHSC型の子どもは周りの影響を受けやすいタイプです。いい影響を受けているときは、元気に楽しく過ごしサポートを必要としません。悪影響を受けると情緒が不安定になりやすいですが、充分な休息をとり気分転換をして、親が子どもの不安な気持ちを受けとめて温かく接すると気持ちが回復して明るさや積極性が戻ります。

対してトラウマ型は常に傷つきやすく、「どうせ自分なんて」と自己否定的な態度をとります。さらに、「どうせムダ」と投げやりな態度や、怒ったり泣いたり情緒不安定な様子を見せることもあります。

親が原因とは限りませんが、子どもが我慢の限界に達したときは怒りや悲しみを暴言暴力で表したり、自傷行為や強迫性障害・摂食障害などの症状で表現することもあります。

中には大人になってから、我慢しすぎる、完璧主義、感情コントロールが難しい、対人関係の問題で仕事が継続できないなどで悩んだときに、それらの原因が自分の子ども時代に起因することに初めて気づくこともあるのです。

気づいてから立て直すことはできますが、時間がかかりますし、できることならそんな思いをせずに成長させてあげたいものです。

だからこそ、あらかじめ不適切な子育てについて知っておくことが重要です。よくない関わり方を避けたり、フォローしたり、修正したりしてトラウマ型にならないように注意していきましょう。

51点の親を目指して

「まさか、こんな些細なことが、子どもを傷つけているとは思わなかった」と驚かれた人も多いのではないでしょうか。

「すでにやってきてしまったけど、どうすればいいの？」と思う人もいるかもしれません。

お伝えしたいのは、不適切な接し方を知って避けることは大切だけれど、完璧を目指す必要はまったくないということです。

子育ては、生きている者同士の濃密な関わり合いなので、理想通りにいくことは決してありません。疲れてイライラする日もあれば、子どもがどうしても言うことをきかない日もあります。子どもに強く言って泣かせてしまっても、ご飯を食べてぐっすり眠れば、親子ともに相手への信頼が回復して、傷が残ることはありません。

わたしたちはどうしても、いい親・いい子育てを目指してしまいます。でも、心理学では完璧な子育ては無理とわかっていて、ほどほどがよいと考えます。

「ほどよい親」というのは、イギリスの小児科医で精神科医のドナルド・ウィニコットが提唱した考えです。ウィニコットは「あるべき母親の姿は、『ほどよい母親』です。それは、際限のない子どもの要求に、いらだち、怒り、憎しみも覚えるが、それを我慢するのではなく、悪意のない方法で発散することができるお母さんです」と言っています。

また、発達心理学者で白百合女子大学の繁多進名誉教授は、母親向けの講演会で「51％のよいお母さんでいいんだよ。49％は魔女でもいいの。それでも、子どもは100％愛してくれる」と話しています。

親がイライラしたり、失敗して落ち込んだりするのは当たり前のことです。「一生懸命取り組むが、うまくいかないこともある。気持ちを立て直してまたがんばればよい」という態度で子育てをすることは、子どもにそういう生き方を示すことでもあります。自分と子どもを信じて、子育てをしていきましょう。

次の章から、内向型・HSC型の子どもを持つ親の悩みについての対応を解説していきますが、わたしたちが目指すのは51点の親であることを忘れないようにしましょう。

決して、この本の通りにしようと気負わなくてもよいことを先にお伝えしておきます。解説を参考に、それぞれの子どもに合った自分にできる方法を見つけてください。

2章

内向的な子どもの力を伸ばす
学校生活サポート

学校のお悩み編

OKな接し方とNGな接し方

この章では、学校生活で生じる親の悩みや困りごとについてひとつひとつ見ていきましょう。子どもたちがどう感じているのか、親はどのようなサポートをすればいいのか、内向型・HSC型ごとにOKな接し方の例を紹介します。ぜひ、自分の子どもに合ったサポート方法の参考にしてください。

子どもへの対応として避けたほうがよいNGな接し方も書いていますが、一度でも言ってはいけない／やってはいけないと思わなくて大丈夫です。つい言ってしまうことは誰にでもありますし、子どもにも傷つきから回復する力があります。

ただ、あらかじめ知っておくと避けることができ、早めにフォローや修正を入れられます。

67ページで紹介したトラウマ型は慢性的な傷つき体験から、内向きになっている子どもです。元来外向的な子どもや、周囲の環境に影響されにくいたんぽぽタイプの子ども（42ページ）でも同様です。トラウマ型の子どもへの対応方法については、本書の主旨とずれてくるので詳しくは説明しませんが、大切にしたい基本の姿勢をお話しします。

トラウマ型の子どもが閉じこもっていても、否定しないでそのままを受けとめてください。もし、ご家庭の子育てで傷つけてしまったと感じられることがあったら接し方を修正しましょう。学校や友だちから傷つけられてしまったときは、大人が入って相手と話し合いをしたり、距離をとったりして子どもの傷つきのケアをします。

嫌な思いをしたのだから、悲しかったり怒りっぽくなるのは当たり前と説明して

「あなたのせいではない」と伝えてください。そして、休息をしっかりとって好きなことをする楽しい時間や、親子で安心して一緒に過ごす時間を持ち、こころの傷の回復を待ちましょう。回復には数週間から数ヶ月、場合によってはもっと長い時間が必要になることもあります。

落ち込みや自他への攻撃がひどいときは、相談機関・医療機関に話してみてください。通っている学校のスクールカウンセラーや市区町村の相談窓口に連絡してみるのもおすすめです。回復すると、閉じこもりや傷つきやすさ、情緒不安定さがなくなっていきます。

これは、トラウマ型の子どもへの対応方法ですが、内向型・ＨＳＣ型が傷ついてしまったときにも同じ方法が有効です。

では次のページからは、学校生活でよく生じるお悩みから、内向型・ＨＳＣ型の子どもの力を伸ばすための接し方を紹介していきます。

内向型・HSC型のお悩み①

先生と友だちに、自分のやりたいことや気持ちを言えない

内向・HSC型の子どもは、それぞれの性質から、自分の気持ちや考えを伝えるのが不得意です。「自分の気持ちを言えないと学校で困るのでは？」「大人になったら将来困るだろう」と親が不安になるのもわかります。でも、学校などで経験を積み重ねながら、少しずつ自分の気持ちを言えるようになるものです。その成長を応援するために、子どもの性質を肯定して、今できることを教えてください。

を表現してほしいとき

OKな接し方

内向型

「しっかり自分で考えるのは大切なことだね」と伝える

HSC型

「言えそうなときに思い切って言ってみよう」と伝える

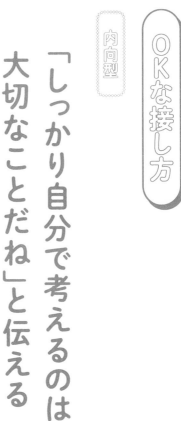

やりたいことや気持ち

NGな接し方

なんで言えないの？

いじめられたり、仲間はずれになっても知らないよ

だから言ったでしょ

OKな接し方の解説

内向型

「しっかり自分で考えるのは大切なことだね」と伝える

内向型は、自分がどうしたいのかを自分でじっくり考えることを好みます。先生や友だちに言いたいことが言えないのは、考えるのに時間がかかることや、考えてもうまくまとまらないことがあるからです。内向型の子どもが発言しようとする頃には、話が先に進んでいてタイミングを逃してしまうケースもあるでしょう。

子どもも、自分がすぐに答えられないもどかしさや、自分の気持ちを伝えられない悔しさを感じています。それと同時に、言うのが面倒くさいとあきらめを感じているかもしれません。

親は、うまく言おうとはしているけれど、できなくて悔しがっている子どもの気持ちを理解してサポートしてあげましょう。

「自分でしっかり考えるのは大切なことだね」「無理に急いで考えをまとめる必要はないよ」と、子どものペースでいいから周囲に伝えてみようと励ましてください。

また、内向型の子どもは自分の意見は歓迎されないと思っていることもあります。「先生や友だちは、あなたの気持ちや考えを知りたいと思っているよ」と言うのもよい方法です。

子どもがコミュニケーションの意義を理解し、自分のペースを尊重してもらえると、どうやったら相手に伝わるかを自ら試行錯誤するようになります。

HSC型

「言えそうなときに思い切って言ってみよう」と伝える

HSC型は、相手の気持ちや願いを汲みとってしまうために、自分の気持ちを言いにくくなってしまうことがあります。そうはいっても、いつも遠慮してばかりではありません。「反対意見を言っても大丈夫だ」と安心できる場所や信頼できる相手に対しては、率直に気持ちを言うことができます。

しかし、相手がどういう人なのかわからないときや、機嫌を損ねないようにする必要がある場合は、相手の気持ちを優先して、自分の気持ちや考えを言えなくなってしまいます。

相手の気持ちを尊重するコミュニケーションができることは立派なことですから、「思いやりがあって優しいね」と、まずは認めてあげましょう。

そのうえで、「自分の気持ちも伝えられるようになれるといいね」と伝えてください。ただ、いつでも自分の気持ちを言えるようになるのは、子どもにとって難しいことなので、「言えそうなときに思い切って言ってみよう」と伝えましょう。たとえ言えなかったとしても、子どもを責めないように接してください。

ただ、意地悪をされたり不愉快なことがあったときは「イヤだ」「やめて」と、相手に遠慮せずに言うことが大事だと教えてあげましょう。これらは自分を守るために必要な言葉なので、早めに言えるようにできるといいですね。

NGな接し方の解説

なんで言えないの？

子どもが、自分の気持ちを伝えられないのがもどかしくて「なぜ言えないんだろう？」「思い切って言えばいいのに」と思いますよね。

親として何かよい助言をしてあげたい、言えない理由を知りたいと思い、「なんで言えないの？」と聞くこともあるでしょう。でも、この言葉は理由を聞いているようで、できないことを責めるニュアンスのほうが強くなり、子どもはダメな子だと思われたと感じてしまいます。

「言えなくて悔しかったね」や「言いにくかったね」「言える方法あるかな？」など、子どもに寄り添える言葉をかけてあげてください。

いじめられたり、仲間はずれになっても知らないよ

自分の気持ちが言えないと「お友だちからいじめられるのではないか？」「仲間はずれにされないか？」と親は不安に感じます。

しかし、「～されても知らないよ」と脅すことで発言をうながしても、子どもは言えませんし、もっと不安にさせてしまいます。うっかりこの言葉を言ってしまったら、「心配になっちゃったよ」と親の気持ちを伝えて、何か手伝えることがないか聞いてみましょう。

だから言ったでしょ

子どもが自分の気持ちや考えを言えずに誤解されたり、不利益を被ったりするのではないかと思うと、親は「ちゃんと言いなさいね」「言えないとあなたが困るのよ」と助言します。

けれども、自分で言いたいと思っていても、現実的にまだ子どもはできなかったのです。「この子は今、言えないところでもがいているんだな」と理解して、「残念だったね」と気持ちをわかってあげられると子どもを応援できます。

内向型・HSC型のお悩み②

クラスで発表できない

親が子どもにクラスで発表してほしいと願う気持ちには、「失敗を恐れずにチャレンジできる人になってほしい」や「自分の意見を言える人になってほしい」という思いが込められています。

子どもが発表するかどうかは、先生の雰囲気づくりやクラスメートの顔ぶれといった子どもの性質以外の要因も関係しますから、無理強いせずにチャンスを待つことも大切です。

発表してほしいとき

OKな接し方

内向型

「経験を重ねると言えるようになるよ」と将来像を伝える

HSC型

「自分が安心できるときに、がんばればいいよ」と伝える

クラスで積極的に

NGな接し方

みんな発表しているよ？

恥ずかしがらないで

失敗を怖がるのはよくないよ

成績が落ちちゃうよ

OKな接し方の解説

内向型

「経験を重ねると言えるようになるよ」と将来像を伝える

何事もじっくり考えて、独自の視点がある内向型は、クラスに貢献できるよい意見を持っています。

でも、考えることに時間がかかるのでタイムリーに考えをまとめられなかったり、みんなと違う意見を主張する勇気が湧いてこなかったりと発表することへのハードルが高いのも事実です。「別にわたしが言わなくてもいいんじゃないか」と消極的になったり、面倒くさくなったり、あきらめてしまうこともあるでしょう。

このような態度は「よくない」と言いたくなりますが、まずは子どもの長所を認めるところから始めましょう。

内向型の子どもは、大人の言うことを鵜呑みにせずに自分で考える特徴があります。これは、子どもの何よりの長所です。「大事に育てていこうね」と伝えてください。

学校でも、発表する・しないはいったん置いて、子どもが自分でしっかり考えることを優先するように話しましょう。そのうえで、「こんなにしっかりと自分の考えがあるのだから、いい発表ができるようになるよ」、「今は勇気がなくて言えないことも、少しずつ経験を重ねると言えるようになっていくものなんだよね」と成長の道筋と将来像を示してください。

「学校はその練習の場だね」と言い添えると、子どもが自分で考えて、少しずつ努力するようになっていきます。

HSC型

「自分が安心できるときに、がんばればいいよ」と伝える

ＨＳＣ型の子どもは、安心してふるまえる関係性の中では、失敗を恐れずに自分から発表することができます。でも、失敗を笑ったり責めたりする雰囲気や、陰で馬鹿にする人間関係があるときは落ち着かなくなります。クラスの雰囲気を読んで、みんなに求められている発言をしたり、萎縮して何も言えなくなったりするのです。

まずは、子どものパフォーマンスが、周囲の雰囲気に大きく影響されることを子どもの性質だと認めてください。「雰囲気が悪いと誰だって自分の意見を言えなくなるよね」「自分が安心できる雰囲気のときに、またがんばればいいね」と伝えてあげましょう。

そして、不安を感じる雰囲気の授業の過ごし方について、親子で考えてみてください。人は誰でも不安だと目の前のことが手につかなくなるものだというスタンスは崩さずに、「でも、それだけだと悔しいから、できることをやってみない？」と提案します。

先生の話をしっかり聞く、ノートはしっかりとるなど、子どもができることを一緒に考えてあげましょう。何かに集中することで、不安や緊張にのみ込まれずに過ごせる経験を重ねると、子どもは少しずつ不安をコントロールする力をつけていけます。

NGな接し方 の解説

みんな発表しているよ？

誰かと比べる言葉は、「あなたにもできるよ」と応援したつもりでも「なぜあなたにはできないの？」という批判として子どもに伝わってしまいます。

これらの言葉は、子どもが嫉妬や劣等感を覚えたり、いらだちや怒りを生んだりします。子どもが自信をなくすので注意してください。

「あなたにもできると思うな」と、親が子どもを信じる気持ちをシンプルに伝えてあげましょう。

恥ずかしがらないで
失敗を怖がるのはよくないよ

恥ずかさや失敗を怖いと感じる気持ちは自然なものですから、否定してはいけません。不安な気持ちを否定されると、子どもは不安をのみ込むようになります。その様子は一見不安を克服しているように見えますが、蓋をしているだけなので、今後のチャレンジを避けるようになってしまいます。

成績が落ちちゃうよ

授業中に積極的に発言することは、意欲的な授業参加と評価されます。逆に発表できないと、成績に影響することがあるかもしれません。

ただ、成績で脅して発表を無理強いすると内向型は反発して、HSC型は過度に成績を気にするようになります。

たとえその場はがんばれても、持続することは難しく、自信をなくしたり、よけいに発表を避けるようになることもあるので控えましょう。

内向型・HSC型のお悩み③

競争が苦手

外向的な子どもは他の子と競争することで、いつもよりやる気がでたり、がんばれる性質です。しかし、内向・HSC型の子どもたちは、競争するとパフォーマンスが落ちる傾向があるといわれます。

学校や習いごとでは競い合うことが多く、競争を避けるのは難しいものです。では、競争に直面した子どもに、どう対応してあげるとよいでしょうか。

いといけないとき

OKな接し方

内向型

子どもの取り組みを見て「よくがんばってるね」と認める

HSC型

無理のない範囲で自分なりの目標を決める

苦手な競争をしな

NGな接し方

競争が苦手なんて情けないよ

プライドが高すぎる

勝ったら欲しいものを買ってあげる

OKな接し方の解説

内向型

子どもの取り組みを見て「よくがんばってるね」と認める

内向型の子どもは誰かと競うことより、自分の中の目標設定にそってがんばることを好みます。縄跳びや九九など、たくさん練習して地道な努力が必要な場合は、自分のなりたい姿に向かってコツコツがんばりますが、周りの子どもと比べて勝っても負けてもあまり気になりません。

絵画や習字作品、ダンスなどのパフォーマンスで評価されたときも、自分が納得できる出来栄えなら喜び、そうでないときはあまり喜びません。

このように、内向型の子どものライバルは子ども自身なので、子どもにその気がないのに「みんなやってるよ」「悔しくないの?」などと言ってやる気をださせようとしても難しいでしょう。あまり競争に結びつけず、子ども自身の興味関心や意欲を引きだしてあげてください。

競争や人の評価に無関心な内向型ですが、親が認めてくれるとうれしいですし、やる気の源になります。普段から、子どもが自分のペースで取り組む様子をしっかり見て、「よくがんばっているね」とはげましの声をかけてみてください。

子どもがどうなりたいと思っているのかや、そのためにどんな工夫をしているかなどについて聞いてみるのもおすすめです。その工夫を微笑ましく思ったり、子どもながらにすごいと感心することもあるでしょう。親にとっても子どものいいところを発見する機会になるはずです。

HSC型

無理のない範囲で自分なりの目標を決める

HSC型は、競い合いを楽しめるような雰囲気のときは、競争を嫌がりません。でもみんなが緊張しているときや、成績の悪い子が馬鹿にされたり、妬みや悪口があると落ち着かない気持ちになり、競争どころではなくなります。

このようなときは、子どもの気持ちをよく聞いてください。
友だちの不安や緊張に共感してしまうこと、友だちを心配する気持ち、悪意ある友だちへの憤りがでてくるかもしれません。もしくは、その嫌な雰囲気に影響を受ける自分に対するいらだちを感じている可能性もあります。子どもの中で渦巻いている気持ちを親が聞いて受けとめると、子どもの気持ちが落ち着きます。

そのあとに、友だちがなぜ意地悪な言動をするのかを一緒に考えてみてください。悪意を持って発言していると感じられる子にも、何か事情があるかもしれません。意地悪な言動の理由を理解できたとしても、子どもが「やっぱり許せない」と思ってもいいのです。自分や友だちの気持ちに向き合って整理することで、子どもの不安がやわらぎます。

子どもの気持ちが落ち着いたら、競争のときにどうしたらいいかについても話し合ってみましょう。

不安な気持ちのまま何もできないことが、子どもにとって一番つらいはずなので、無理のない範囲でその子なりの目標を一緒につくってみるのもひとつの手です。「自分のペースで最後までがんばる」とか「友だちと一緒にがんばる」という目標もいいかもしれませんね。このような試みを通じて、苦手な雰囲気でも集中する力をつける練習をしてみてください。

NGな接し方の解説

競争が苦手なんて情けないよ

子どもは競争し合いながら成長するというイメージを持つ人は多く、競争を嫌がると「気持ちが弱い」「情けない」と思ってしまいますよね。しかし、子どもの中には他人と争うより、自分のペースで成長することを好む子もいて、どちらが優れているというわけではありません。

また、子どもにとって競争とは、競い合いを通じて退屈なことでも楽しめたり、がんばれたり、勝ち負けによるうれしい気持ちや悔しい気持ちを体験する活動です。「勝たなければいけない」「負けるのはダメだ」のような大人の価値観を押しつけると、競争が無味乾燥で苦痛なものになるので控えましょう。

プライドが高すぎる

負けることを嫌がって競争しない子どもには、「プライドが高すぎる」と思う人もいるでしょう。子どもが負けることを受け入れられない理由は、悔しい気持ちをコントロールする力がまだ育っていない、負けたときにどうふるまえばよいかわからないという理由があります。大人の思うプライドの高さ（自分に自信があり誇らしく思っている状態）とは異なります。

「プライドが高すぎる」という言葉には、たいした力もないのに失敗を怖がるなんて生意気だというニュアンスがあり、子どもは責められたと感じるので注意してください。

勝ったら欲しいものを買ってあげる

子どものやる気を引きだすために、ご褒美作戦を使いたくなりますよね。でも、ご褒美作戦は、親の願い通りにいかないこともあります。

子どもの喜ぶご褒美が親の想定以上だったり、子どもの努力が親の期待に達しないままだったり、ご褒美なしにはがんばれなくなったりすることがあります。

子どものやる気は、内面から湧いてくるものです。ご褒美で釣ると、子ども自身の気持ちを見失ってしまう危険もあります。

内向型・HSC型のお悩み④

アクティブラーニングが苦手

アクティブラーニングとは、コミュニケーションを通じて先生や生徒が相互的に学ぶ、グループワークなどの授業のことです。

子どもたちからは「友だちの意見を知るのはいいけど、勉強にはならない」という意見があったり、年齢や習熟度によって子どもがふざけすぎてしまうこともあるようです。また、作業や発表を誰かに押しつける不平等や意地悪が生じることもあります。どうサポートするといいでしょうか。

取り組んでほしいとき

OKな接し方

内向型

「大人になったときに必要な力を鍛えているんだよ」と伝える

HSC型

リーダー補佐や書記など、無理せずできることを探す

アクティブラーニングに

NGな接し方

将来、苦労するよ

あなたには難しいよ

やる気だそうよ

OKな接し方の解説

内向型

「大人になったときに必要な力を鍛えているんだよ」と伝える

内向型の子は、アクティブラーニングに不満やストレスを感じやすく、従来タイプの授業を好む傾向があります。なぜなら、自分の考えを言葉にして伝えることが苦手ですし、友だちが授業中にふざけているとイライラしてしまうからです。

しかし、人の意見を聞くことも、自分で考えることも得意な内向型は、じつはアクティブラーニング向きです。アクティブラーニングが目指すことは何か、その目的を伝えることで、子どもの関心と意欲を引きだすようにしてみるといいでしょう。

アクティブラーニングは、子どもたちが大人になって社会にでたときに必要とされる能力の開発を目的に行われています。

子どもたちは将来、「現時点では存在していない仕事に就き、開発されていない技術を使い、想定されていない課題を解決することになる」といわれています。そのため、今までのように教科書で学ぶだけではなく、正解のない課題にどう取り組めばいいのか、新しい発想や対話による解決力を身につけることが必要とされるのです。

アクティブラーニングは、そのための練習であることを伝え、子どもが大人になる頃に社会がどうなっているのかを親子で一緒に考えてみると、子どもの取り組み意欲を引きだせるはずです。

HSC型

リーダー補佐や書記など、無理せずできることを探す

HSC型の子どもは、クラスの雰囲気が安心・信頼できるときは、アクティブラーニングに積極的に参加できます。リーダー役をかってでたり、困っている友だちを助けたり、先生や友だちからも一目置かれる活躍ぶりをするでしょう。

しかし、からかいや意地悪があるなどクラスやグループの雰囲気が悪いときや、つらい気持ちを抱えた友だちがいるときなどは、不安にとらわれてしまいます。そのようなときに親はどうサポートしてあげられるでしょうか。

まずは、子どもにとって逆風の環境設定であることを理解しましょう。好ましくない雰囲気の中では、自分の力を思い通りに発揮するのは難しいので、今できる

ことは何かを考えます。

「アクティブラーニングの授業でつらいのは、どんなこと？」と聞いてみてください。テンションが上がって騒いでしまう子がいたり、自分が上に立ちたくて意地悪を言う子がいるなど、子どもたちの様子を知って、彼らがなぜそういった行動をとるのかを一緒に考えてみます。

周りの子どもたちの気持ちを理解できても、嫌な気持ちは変わらないかもしれませんが、怖がらなくてもよいと感じられるはずです。

自分の気持ちが整理できたら、リーダーの補佐役や書記など、無理せずにできることは何かを子どもと一緒に考えてみましょう。

このように不安な場面にどう対処すればよいかを考えて実行できるようになると、ＨＳＣ型の子の苦手なことが減っていきますから、ぜひやってみてください。

NGな接し方の解説

将来、苦労するよ

アクティブラーニングが苦手だと、成績に影響がでたり、コミュニケーションが苦手な大人になったりするのではないかと不安に思うかもしれません。

でも親に「将来、苦労するよ」と言われてしまうと、子どもは「将来自分は困るんだ」とか「社会にでるのは怖いことだ」「大人になるのはつらいことなんだ」と思い込んでしまいます。未来に不安を感じさせる言葉を使うのは、避けるほうが賢明です。

あなたには難しいよ

コミュニケーションが苦手な子どもに、アクティブラーニングは難しいのではないかと心配になりますよね。親は経験していない学習方法なので、余計にそう感じやすいでしょう。

けれども、親が「あなたには難しい」と言ってしまうと、子どもはチャレンジするのをあきらめてしまいます。「お母（父）さんが子どもの頃はなかった授業だから、どんなふうにするの？」といったように子どもに教えてもらうことで、親子ともに苦手な気持ちをやわらげることができるはずです。

やる気だそうよ

アクティブラーニングは、子どもによっては通常の授業より楽しいと思える学びですし、やる気をだしてがんばればば成果を得やすいと親は思いがちです。だから文句を言っていないで、やる気をだしてほしいと思ってしまいます。

でも、誰かに言われたからといって、やる気が湧いてくるわけではありませんよね。今は嫌々でもがんばっていることを認めて、「人は成長すると変わるから、おもしろいなと思えるときが来るよ」など、楽観的な見通しを伝えながら、やる気がでるのを待ってあげましょう。

内向型・HSC型のお悩み⑤

友だちがいない、少ない

友だちがいると学校生活が楽しくなりますが、友だちづくりはなかなか難しいものです。学校では、成長途中の子どもたちが遠慮なくぶつかり合うので、傷つけ合ったり、意地悪したりされたりすることがあります。また、子どもによって心地いいと感じる友だちの人数や親密度にも違いがあります。

友だち関係は、どのように見守ってあげるといいでしょうか。

いいのか心配なとき

OKな接し方

内向型

気になる友だちに話しかけるアイデアを一緒に考える

HSC型

友だちづくりが難しい環境を、子どもと一緒に客観的に理解する

友だちをつくらなくて

NGな接し方

消極的なところを直そうよ

自分勝手だから、仲良くしてもらいないんだよ

OKな接し方の解説

内向型

気になる友だちに話しかけるアイデアを一緒に考える

内向型の子どもは、友だちをたくさんつくってにぎやかに過ごすより、気の合う友だちとお互いが好きなことをして心地よく過ごすことを好みます。友だちの人数は少なめですし、仲良くなるのに時間もかかります。しかし、関係性を大切にできるので、クラス替えがあっても疎遠にならずに継続した関係を保つことができます。

クラスに仲のいい友だちがいないときは、決まった友だちをつくらずに過ごすこともあります。社交的ではなくても、裏表なく落ち着いた態度が他の子どもたちから信頼されます。

内向型は自分のペースで友だちづくりをするので、基本的に心配しなくてもいいですが、子どもが困ったり悩んでいるときには相談にのってください。

たとえば、子どもが「新学期の友だちづくりのタイミングに出遅れてしまった」と困っていたら、「このあと仲良くなる子を見つけるチャンスはくるから、あせらなくて大丈夫」と伝えましょう。実際に学校では、授業や活動でいろいろな子と触れ合う機会があるので、友だちをつくるときはこれからもやってきます。

友だちに話しかけたいけれど勇気がでないときは、「目が合ったら、ニコッとしてみる？」や「好きなものが同じだね、と言ってみる？」のようにヒントを伝えます。ただ、大人が細かく友だちのつくり方を伝授しても、子どもの世界でうまくいくとは限りませんので、あまり入り込まないように注意しましょう。それよりも、子どもが困ったときは親が話を聞いてくれたり、一緒に考えたりしてくれるから心細くないと感じられるように接してみてください。

内向型は、自分が人と違うことを誇りに思う一方で、誰にもわかってもらえないと感じて悩んでしまうこともあります。

そういうときに言葉で「あなたの気持ちわかるよ」と言っても、うわすべりしてしまいます。「うまくわかってあげられないかもしれないけど、あなたはとてもいい子だよ。大事に誇りに思っている。わたしは、いつもあなたの味方だよ」と、子どもを大切に思う気持ちを伝えてください。

他にも子どもの好きなおかずをつくる、おやつタイムを設けるなど、子どもがうれしいと感じることをするのもいい方法です。親が味方だと感じることは、子どもにとって何よりの支えになります。

HSC型

友だちづくりが難しい環境を、子どもと一緒に客観的に理解する

ＨＳＣ型の子は、安心できる環境なら友だちづくりに困ることはありませんが、年齢や所属集団によって不安になるときがあります。クラスの中にスクールカースト（生徒間で上下の序列）があるときや仲間はずれがあると、自分が意地悪されていなくても、萎縮して友だちづくりをあきらめてしまうかもしれません。

42ページで紹介した周囲の環境の影響を受けにくいたんぽぽタイプは、意地悪に気づかなかったり気にしなかったりします。環境感受性がたんぽぽと蘭の中間に位置するチューリップタイプは「イヤだけど気にしない」ようにします。でも、蘭タイプのＨＳＣは、意地悪の影響を強く受けてしまいます。

学校の嫌な雰囲気を感じて悲しくなるのは、仕方のないことです。環境感受性が高いからこそ、人の気持ちを思いやり、親切な態度がとれるので、これは子どもの長所です。

でも、環境感受性が高いことが原因で、学校生活全般がつまらなくなったり、友だちに不信感を抱いてしまうのは残念ですよね。スクールカーストも仲間はずれも、思春期の子どもたちなりの秩序づくりで、いわば処世術です。いいことだとは言えませんが、子どもたちはいろいろなやり方で不安定な時期を乗り越えようとしています。

支配的な言動をとる子どもにも事情があること。また、意地悪をされた側には落ち度がないことを客観的にとらえられると、共感や許容はできなくても理解はできるようになります。すると、意地悪な雰囲気にのみ込まれるのではなく、精神的に周囲の環境から距離をとることができます。

この方法は簡単ではありませんが、自己理解、他者理解、対処法を考えることは、ＨＳＣ型の子どもが逆風の環境下でもがんばれる力を育てます。大人が一緒に取り組めるといいですね。

ＨＳＣ型の子育てで親の負担が大きいときは、先生やスクールカウンセラー、信頼できるお友だちのお母さんなどに協力を依頼してみるのがおすすめです。

NGな接し方の解説

消極的なところを直そうよ

友だちが少ないのは子どもの消極性のせいだと感じて、直してほしいと言ってしまいがちです。でも、欠点を指摘されたからといって、すぐに直せるわけではありません。

消極性を指摘されると、「やっぱり自分はよくないんだ」「変えたいけど変えられない自分はダメだ」と自信をなくしてしまいます。

子ども自身が自分を変えたいという気持ちになって、努力する日は必ずやってきます。中学生以降の新学期などに決意することが多いですから、それまでは、おおらかな気持ちで見守ってあげてください。

自分勝手だから、仲良くしてもらえないんだよ

順番を守って遊べない、負けを認められない、気持ちのコントロールが難しいなど、自分の子どもの言動に課題があると、それが対人関係に影響しているのではないかと心配になるでしょう。そんなときは、「あなたが悪いところを直さないとダメだよ」と言いたくなる気持ちもとてもわかります。

しかし、これは子どもの性格の問題ではなく、成長がまだ追いついていないことが原因になっている可能性が高いのです。

小学校低学年までは、子どもたちはお互いに自分勝手なふるまいをするものです。小学校3、4年生になると「自分が人にどう思われるか」がわかるようになるので、自分の気持ちをコントロールして相手に嫌われないふるまい

をするようになります。

子どもがこの段階に達していないときに注意したり叱ったりしても、自分の言動を変えることはまだ難しいでしょう。子どもの自尊心を傷つけてしまうことがあるので伝え方に注意が必要です。

本人が自然にできるようになるまでは、子どもを叱らずに、相手の子の気持ちを説明しながら困った事実を共有して、理解をうながしてみてください。何よりも子どもの成長を待ってあげることが大切です。

内向型・HSC型のお悩み⑥

学校に行きしぶる

学校は誰もが行くところで、行って当たり前だと思いがちです。でも、いつもがんばることや成長を求められる学校は、楽しいばかりの場所ではありません。子どもによっては、あまり好きじゃない、なじめないと感じることもあります。

子どもが学校に行きしぶったとき、どのように対応するといいでしょうか。

…言われて心配なとき

OKな接し方

内向型

自分らしくいられる時間を増やす

HSC型

学校の先生と連携して、子どもの不安を減らす

学校へ行きたくない

NGな接し方

学校はみんな行くところだよ

みんな我慢して通っているんだよ

恵まれているんだからがんばって

OKな接し方の解説

内向型

自分らしくいられる時間を増やす

自分のペースが大事な内向型の中には、集団で学習や生活を行う学校をあまり好まない子もいます。「なぜみんな一緒でなくてはいけないんだろう?」とか「もっと自分のペースで自由に過ごせたらいいのに」と感じているのです。そう思いながらも、やはり「行かなくちゃ」とがんばっています。

このように、ふだんから無理をしていると、疲れが溜まったときや、友だちとうまくいかないときに「行きたくない」と訴えることがあります。

行きしぶる気持ちが見られるときは、子どもの苦しい気持ちや不満をよく聞いてください。子どもの不満が今の教育の問題点をついていることもあるので、それについても親子で話し合ってみましょう。

子どものペースでの学びや生活を家庭で実現できないか話し合ってみるのもいいですね。また、学童や習いごと、祖父母の家など、学校と家庭以外に自分らしくいられる場所を持つこともいい息抜きになるでしょう。

内向型の子どもには、日頃から本人の自由とペースを尊重して、ゆとりのある生活を心がけてあげましょう。すると、多少のストレスは日常生活の中で吸収・修正できて、前向きな気持ちを維持しやすくなります。

HSC型

学校の先生と連携して、子どもの不安を減らす

HSC型は本来学校生活を楽しみにする子どもですが、学校の雰囲気が悪いときは、その影響を受けて気持ちが落ち込んだり、行きしぶったりすることがあります。

学校に行こうとしているのに不安で身体が動かない、顔色が悪い、涙がでるなどの様子が見られるときは一度お休みしましょう。家でゆっくり過ごして気持ちが落ち着いたら、学校生活の様子を聞いてみてください。なんの時間にどんなことがあって不安や悲しみを感じるのかを聞きながら、苦しい環境でがんばった子どもをいたわってあげます。そして、不安を与えてくる人の言動を子どもが客観的に理解できるように一緒に考えてあげましょう。

また、担任の先生に話して、学校での不安が軽減できないか相談してみてください。たとえば先生と親と子どもの3人で、休み時間の過ごし方を検討してみたり、保健室、カウンセリングルーム、図書館など苦しいときに行ける場所はないか話し合ってみましょう。

親が学校との仲立ちを果たすことを通じて、困ったときにできることは何かを考えて調整する態度や、困ったときは必ず誰かが助けてくれるという信頼感が育ちます。周囲が温かくサポートすると、それを糧に自分の気持ちを立て直せるのがHSC型のいいところです。

ただ、このような対応をしても行きしぶりが改善しないときは、早退やお休みの日を持つことでペース配分をしてみましょう。

不安でつらいままがんばり続けてしまうと、子どもの元気が失われてしまい、後々まで影響することがあります。子どもの様子を見ながら、どこまでがんばるかを調整してください。

NGな接し方の解説

学校はみんな行くところだよ

学校は、子どもがみんな行くところ。行くのが当たり前。友だちと遊ぶ時間もあるし、それほど大変なはずはないと大人は思うでしょう。

でも子どもにとって学校は、常に新しいことを学び、成長し続けなければならない修業の場所です。みんなが行っているから、簡単だというわけではありません。子どもが元気に学校に通っているのは、子どものがんばりがあってこそだと、認めてあげられるといいですね。

みんな我慢して通っているんだよ

学校は「やりたくないな」と思ったことも、誰もがある程度我慢して取り組んでいる場所です。だから「もう少し我慢してがんばろうよ」と言いたくなる気持ちはわかりますが、我慢の限界は子どもによって異なります。

そして、子どもが「もう無理だ」と言うときは、今まで人知れず我慢してきたことが限界に達している可能性があります。子どもがつらさを訴えたとき、他の子どもを引き合いにだしてさらなる努力を求めずに、子どもの話を聞いてあげましょう。

恵まれているんだからがんばって

子どもの置かれた環境が、自分が子どもの頃より、あるいは他の子どもに比べて恵まれていると感じると「だからがんばれ」と言いたくなります。

しかし子どもには、恵まれた環境の意味がよく理解できませんし、わかったとしても負担に感じるだけでしょう。自分は恵まれているんだと感じられるのは大人になってからです。そのときまで待ってあげてください。ただ、子どもが恵まれた環境にいるのは、親のおかげですよね。自分の子育てに誇りを持って、ときには自分で自分を褒めてあげましょう。

内向型・HSC型のお悩み⑦

友だちに意地悪をされる

子どもの意地悪は年齢によりその理由や質が異なります。まずはその違いについて説明します。

小学校低学年までは、子どもたちはまだ自己中心的で、それぞれが思いのままにふるまいます。その自己中心性であったり、意地悪をしたときの相手の反応がおもしろいからという単純な理由で嫌がらせをすることがあります。だから、意地悪された

ら「やめて」と言うように、子どもに伝えることが大事です。

何が悪いことなのかわかっていない場合があるので、してはいけないことを大人が教えることも必要です。注意されてもすぐに直せないときもありますが、よくない行動をしたときに、その都度注意喚起してください。

小学3、4年生になると、自分の言動が相手にどう受け取られるかがわかるようになり、自分の行動をコントロールするようになります。ただ、コントロールできる子とできない子が混在しているためトラブルが発生しやすい時期です。

行動をコントロールできない子に対する周りの目が厳しくなって、批判されることが増えるとフラストレーションが高まり、ますます不適切な行動をする悪循環につながることもあります。もし子どもが意地悪をしてしまうようなら、家では我慢させず、ストレス発散できるようにしてあげましょう。

このように小学校中学年くらいまでは、子どもの成長過程で自然と生じるトラブルが多く、それは次の4つで対応できます。

①嫌なことは嫌と言うように子どもへ伝える
②大人が行動を注意する
③意地悪の理由を大人が解説する
④子どもが傷ついたときは話を聞いて慰める

小学校高学年以降の思春期に入ると、環境にもよりますが、陰湿化した意地悪が増えます。「陽キャ」「陰キャ」のように性格を二分する考えもでてきます。内向型やＨＳＣ型は、「陰キャ」と言われてしまうことがあるかもしれません。

子どもの性質をネガティブなものだととらえた意地悪が起きたときには、どのような対応ができるでしょうか。

れて意地悪されたとき

OKな接し方

内向型

子どものいいところを一緒に考える

HSC型

自然や芸術に触れる機会をつくる

子どもの性質を否定さ

NGな接し方

しっかりしなさい

悔しかったら自分を変えてみたら

何があったか説明して？

OKな接し方 の解説

内向型

子どものいいところを一緒に考える

自分の内向的な性質を「陰キャ」という言葉で否定されると、子どもは悲しい気持ちになりますし、親も暗い気持ちになるでしょう。子どもの傷つきを、親は悲しい気持ちになりつつも冷静な態度で受けとめる必要があります。

子どもと一緒に、子どもの性質について振り返ってみてください。

誠実で個性的で人に流されず、人の悪口を言わず、努力する。たくさんの長所があるよね。そんなあなたを暗いとからかうのは、不当だと思う。気にせずに、これまで通りのあなたでいればいいよ。だから、自信と誇りを持ち続けてほしいという親の気持ちを伝えてあげてください。

もし、子ども自身が自分を変えたいという気持ちがあるときは、どうしたいと思っているのかを聞いてみましょう。

明るくなりたい、積極的になりたい、目立ちたいなどの子どもの願いを聞いたら、そのためにできることはどんなことかを一緒に考えてみます。子どもの試みを応援しつつも、そのままのあなたでもいいよという思いも伝え続けてください。

HSC型

自然や芸術に触れる機会をつくる

これまでお話ししてきたように、HSC型の子どもは人のネガティブな感情をキャッチしやすく影響を受けやすいタイプです。

それを「陰キャ」と称されることは、自分が力を発揮できない場面を指しているだけに悔しさがあるでしょう。

このようなときは、悔しく悲しい気持ちを一緒に受けとめてくれる親の存在が子どもを助けます。子どもの共感力、人のために動ける優しさ、美しいものに感動する感受性など、どれも暗いと言われることではありません。他者に投げつけられた意地悪を、深く受けとめる必要はないことを親子で確認します。

傷ついた気持ちを癒やす行動として、自然や芸術に触れることもおすすめです。

苦しさを忘れさせてくれたり、孤独を癒やしてくれたりして、心を回復させることができます。

また、学校とは別に子どもが自分らしくふるまえる場所を持つことも、傷ついた気持ちをやわらげてくれます。たとえば、習いごとに通う、美術館・映画館めぐりなどを子どもに提案してみましょう。

さらに、異年齢の人と関係を持てる場所もおすすめです。同学年同士は、どうしてもお互いのプレッシャーが強くなりがちですが、年上や年下との付き合いは、もっと気楽に自分を表現することができます。

NGな接し方の解説

しっかりしなさい

意地悪をされたときは、誰でも弱気になります。大人は、気持ちが弱いと、これからの長い人生において、困難なことを乗り越えられなくなると心配になってしまうものです。しかし叱咤激励よりも子どもの痛みに寄り添うほうが、困難を乗り越えるこころをつくります。

悔しかったら自分を変えてみたら

自分の性質を批判されて悔しいときは、自分を変えるチャンスでもあります。しかし、自分を変えることはなかなか難しいですし、人から指摘されるとさらに傷つくこともあるはずです。自分を変えるのは、子ども自身からそうしたいと願ったときであると理解しましょう。

何があったか説明して？

子どもが意地悪をされたら、心配で様子を知りたくなりますよね。親はできるだけ正確な情報を知りたいので、ともすると事情聴取のようになりかねません。しかし、親から聞きだしてばかりいると子どもにプレッシャーを与えますし、子どもも友だちを裏切っている感覚を持ってしまいます。

困ったときには親に話してほしいと伝えることや、子どもが話しだしたら手を止めて聞くなど、子どもに寄り添った聞き方をしましょう。

3章

内向的な子どもの力を伸ばす
日常生活サポート

OKな接し方とNGな接し方

3章では、家庭の中で生じる親の悩みや困りごとについて、その対応策を解説していきます。子どもたちがどう考えて行動しているのか、親がどのようにサポートすべきなのか、内向型・HSC型ごとにOKな接し方の例を挙げながら解説します。

前章と同じくNGな接し方も挙げていますが、言ってはいけないと気にしすぎてもプレッシャーになってしまいます。あくまで目安として考えましょう。

また、それぞれの悩みの冒頭に、心理学的な視点から内向・HSC型にかかわらず一般的な解釈について説明していますので、あわせて参考にしてください。

内向型・HSC型のお悩み①

何度言っても言うことをきかない

子どもに何度も同じことを言っているのに言うことをきかない、なんて日常茶飯事ですよね。この問題の原因は、2つあります。1つ目は、子どもに理解力や実施力が育っていない能力不足の問題。もう1つは、親の言う通りにしたくないという気持ちとやる気の問題です。

親が説明すると「わかった」と返事をしたり、叱ると謝ったりするのに改善しない

と、親はすべてやる気の問題と感じるかもしれません。しかし、子どもの力が育っていないだけのことがあります。

たとえば、「ドアを開けたら閉めて」と何度言ってもしないとき。ドアを閉める能力はあるし、言えば閉められるから、やる気がないと思ってしまいがちです。しかし、子どもにはまだドアを開けたら閉めるという実施能力が身についていない可能性があります。ドアを開けたら閉めるのは大人には簡単なことに見えますが、よく考えてみるとなかなか複雑なプロセスがあります。ドアが開いたままだと寒い・音がうるさいという理由から、ドアは開けたら閉めようと考え、いつも忘れずに行うという思考や行動の変化と習慣化が必要です。

子どもの準備ができていること＝「レディネス」と呼ばれますが、レディネスがないうちは、「開けたら閉めて」「寒いから閉めて」と言われると「そうか」と思うものの、実際の行動変化や習慣化はできません。子どものレディネスが整うまで、大人がサポートしながら待つことや、子どもへの伝え方を変える必要があります。

伝え方を変えるとは、厳しく言うとか何度も言うことではありません。

身につけさせたいタスクを細かく分解して教え、視覚化やタイムリーな声かけで行動をうながし、できたら褒めて、子どもが必要な行動を獲得するまで大人が忍耐強くサポートすることです。先ほど例に挙げたドアを閉めてほしい場合は、次の6つの関わりが必要です。

①「ドアが開いたままになっているね」と指摘して本人の注意を向けさせる。
②「風が入ると寒いね」とデメリットを伝える。
③大人が閉めてみせる（子どもが閉めてもいいですが、反発することも）。
④子どもがドアを開けたときに「閉めてくれたらうれしいな」とうながしたり、閉めてくれたら「ありがとう！」と感謝するなどのタイムリーな声かけをする。
⑤ドアに「開けたら閉めてね」と注意喚起の視覚表示を貼る。
⑥イラストや動画で説明する

ドアを閉めることができるようになっても、親が見ていないときは閉めないケースもあります。これはズルをしているのではなく、子どもにとってドアを閉めるというタスクが、親との関係性で身についていることを示します。レディネスは育っていないけれど、親が喜んでくれるとうれしいと思って親の願う行動をしていると理解して、引き続き①〜⑥の関わりを継続しましょう。

伝え方を変えるのは、大人が子どもを理解して必要なサポートをいいタイミングで入れる必要があるので、時間と忍耐、熱量がいります。子どものレディネスが整わないうちは、無理なひとり立ちを求めずに大人がサポートしましょう。

では、能力の問題ではなく、親の言う通りに子どもがやりたくないと思ったときは、どうするとよいでしょう。

子どもは不満や反発があるときに、わかっているし、できるけどやらないという態度をとりますが、無理に従わせようとすると、ますます反発します。こんなときは、子どもが何に反発しているのかを聞いてみてください。子どもの話を聞いて、大人もたしかに不公平だったなといった気づきがあるかもしれません。お互いに歩み寄って、よりよい方法を考えることができます。

子どもの言い分が自己中心的なわがままだったときは、「そう思うんだね」とひとまず受けとめます。親が受けとめてくれるだけで、子どもは不満が半分解消しますし、「親の言い分も少しは聞いてみようか？」という気持ちになります。くれぐれも子どもが逃げ場をなくすほど、理詰めで反論しないでください。子どもは言ってもムダだと思うと、次回から決して話してくれなくなります。

たとえ言い分が未熟でわがままだったとしても、親が否定せずに聞くことは、子どもが本当に困ったときにちゃんと話し合える親子の信頼関係をつくります。

れてほしいとき

OKな接し方

内向型

「お願いしても聞いてくれないと、無視されているみたいで悲しい」と気持ちを伝える

HSC型

子ども自身の力でできるようになるまで成長を待つ

親の要望を聞き

NGな接し方

×いいからやってよ

×何度言えばわかるの？

×次は必ずやってね

OKな接し方の解説

内向型

「お願いしても聞いてくれないと、無視されているみたいで悲しい」と気持ちを伝える

内向型の子どもは、小さいときから自分の中に「こうしたい」がしっかりあります。そのため、レディネスが整っていても大人の言うことをきかず、自分のやり方で実行したり、「わたしは必要ないと思う」と言ってやらなかったりします。

しかし、子どもの素直ではない態度を批判するだけでは、行動は変えられず、親子関係が悪化するので対応には工夫が必要です。

まず、子どもの中ではどう理解されているのかを聞いてみましょう。先述したドアの開閉の例で言えば、またすぐに閉めるからちょっとの間、開けておいてもいいじゃないと思っているかもしれません。親が「寒いから閉めて」と言っても、「わたしは寒くない」こともあるでしょう。大人からすると、だらしがない・自分勝手と感じますが、子ども側にも未熟ながら合理的思考や自己主張があるとわかります。

子どもの現在地を認めて、「ドアはその都度閉めるほうが運動になっていいんじゃない?」（合理的思考＋ユーモア）や、「お願いしてもきいてくれないと、無視されているみたいで悲しい」（親の気持ち）など、叱る以外のコミュニケーションを模索してみてください。このような対話が子どものこころに残ると、次は閉めようとしたり、別の場面で相手の気持ちを汲んで親切にふるまおうとする行動が生まれます。

内向型の子は、言われたことをそのまましないこともありますが、自分の中で理解できると応用できるタイプです。無理にやらせるより、子どもに咀嚼の時間を与えて、自分のやり方で行うのを待ってあげてください。

HSC型

子ども自身の力でできるようになるまで成長を待つ

HSCの子どもは何度も大人に注意されるのが嫌いなので、言われた通りにして、次から同じことを言われないように心がけます。

つまり、HSCの子どもが何度言われても行動できないときは、レディネスがまだ整っていない可能性が高いです。言ってもできないときは、少し成長を待つほうがよいでしょう。

HSCの子どもは、周囲の期待を察知して、相手の期待を上回る態度をとろうとする傾向があります。

これはとても優れた能力ですが、それが当たり前になってしまったり、過剰に褒められたりすると、ますます周囲の要望に応えることを優先して自分の気持ちが後回しになってしまいます。周囲の期待を優先する状況が、子どもの通常モードになるのは望ましくありません。

子どもに、「いつもみんなの期待を察して自分から動いてくれてすごいな、えらいなと思っているよ。でも、周りの期待と自分の気持ちが違うときもあると思うんだ。そういうときは、自分の気持ちを優先してもいいからね。そうできるように協力するから教えてね」と伝えてみてはいかがでしょうか。

自分を優先することを親も願ってくれているのだと伝わると、子どもも自分の気持ちを意識して、やりたいことや意見を言ってくれるようになるはずです。

NGな接し方の解説

いいからやってよ

子どもを親の言う通りに動かそうとして、なんでも口だししていませんか?

子どもが言うことをきかないという悩みの中には、親が言いすぎていて、子どもが聞き流していると感じるケースがあります。

まずは、親の理想通りに子どもをコントロールしようと、言いすぎていないか振り返ってみてください。

下手でも子どもが自分でやっていることには口をださない。毎日子どもに同じことを言っていたら、言い方を変えるか言うのをやめる。子どもが親の話を聞けるタイミングで短く伝えるなど、接し方を工夫してみてください。

何度も言ったでしょ？

子どもが失敗したときに「何度も言ったでしょ」と言ってしまうのは、子どもに反省をうながし次回は気をつけてほしい気持ちからくるものです。しかし、責める言葉に聞こえるので、親が言い方と発言するタイミングを変える必要があります。

発言するタイミングは、やってほしい行動をする少し前ですが、学校に行く前などの慌ただしいときに言うのでは子どもに届きません。また、子どもが「今やろうとしていたのに」と反発することもありますから、直前に言えても伝わらないかもしれません。タイムリーに、子どもが「あ、そうだった」と思えるタイミングで言える機会は、なかなか少ないですが模索してみてください。

言い方は、「いつも言っているけど」とか「あのときもしなかったから言うけど」のようなグチはのみこんで、短くわかりやすく「〇〇してね」で十分です。

次は必ずやってね

何度も同じことを注意していると、「次は必ずやってね」と子どもに約束させたくなりますよね。子どもはその場の流れで約束するので、親もいったんは安堵するでしょう。

しかし、子どものレディネスが整っていないなどの理由で、行動が変わらないと「約束したのにしなかった」と親の怒りが倍増します。一度こうなると、雪だるま式に子どもを叱る回数が増えてしまうので危険です。

内向型・HSC型のお悩み②

子どもの嘘が多い

子どもが嘘をつくときは、そうしないではいられない理由があります。自分を守るため、親の気を引くため、あるいは親の期待に応えたくて嘘を言ってしまうこともあります。嘘の内容は年齢によっても異なります。

子どもは、3歳頃から嘘が言えるようになります。やってはいけないと言われていたことをやってしまい、「やったの？」と聞くと「やっていない」と答えます。でも、「楽しかった？」と聞くと「うん」と答えてしまうので、すぐにバレます。

また、イマジナリー・フレンドと呼ばれる空想上の友だちを持つ子どもの話が嘘と誤解されることもあります。イマジナリー・フレンドとは、子どものこころを支える存在で、幼少期の何割かの子どもが持つといわれます。

また、友だち同士の話の中で自分に注意を引きたくて嘘を言ったり、どっちがすごいかを競い合っているうちに嘘を言ったりすることもあります。


就学前の嘘は他愛ないものが多いですが、親が子どもの嘘に驚き、悪い芽は早くに摘んでおかなければとあせってきつく叱ることがあります。

しかし、子どもを強く叱ったからといって、嘘を言わない子に育てられるわけではありません。子どもの嘘で親が嫌な気持ちになったときは、その気持ちを子どもに伝える程度の対応で大丈夫です。他愛もないかわいい嘘でしたら、受け流してもいいでしょう。


小学生になると、嘘はいけないことだと理解できるようになってきますが、嘘やごまかしが増える時期でもあります。

宿題をやっていないのに「やった」とごまかしたり、自分の失敗を「わたしじゃない」と否認したりします。親は正直に言ってほしい、人のせいにしないでほしいと思い、強く叱ることがあるかもしれません。

でも、親が叱れば叱るほど、子どもはその場をごまかす嘘をつくようになります。親に反抗できない小さな子どものうちは、叱られるストレスから逃げることしかできませんから、その場しのぎの嘘を言ってしまうのです。

正直に言いにくくて、その場しのぎの嘘を言うのは大人も同じですよね。

子どもに嘘を言ってほしくないなら、子どもを追いつめるような叱り方や感情的な叱り方をするのはやめるように

しましょう。

嘘がわかったときは、親が冷静に「嘘だったんだね」と言うだけで、子どもは悪かったなと感じます。

叱る必要はありません。何がいけなかったか、次はどうすればいいかを教えます。子どもが悪かったと感じて、次はどうすればいいか理解できれば、行動を変えようとするはずです。

心配になるのは、親の財布からお金を盗る、禁止されている遊びをする、友だちのゲーム機を壊すなど、子どもにとって不都合なことを隠すための嘘です。

親の愛情が足りないと感じていたり、逆に親が過干渉で息苦しいと感じていたりするなど、親子関係に何か課題があることが原因になっているケースが多く見られます。

また、子どもがいじめなどに巻き込まれていることもあるので、すぐに対処しましょう。子どもも嘘は悪いとわかっていますが、基本的に親には言いにくいことなので、冷静に時間をかけて話し合ってください。

子どもを責めるだけでなく、親側にも反省すべき点があるはずです。その点も伝えながら、お互いに少しずつ努力して変えていきましょう。

OKな接し方

内向型

ごまかしの嘘は、親の口だし不要のサイン

HSC型

「お母(父)さんの気持ちを心配して本当のことを言えなかった?」と伝える

子どもの嘘が多

NGな接し方

嘘をついたらダメと言ったよね

嘘つきは、信用されなくなるよ

言いわけなんて聞きたくない

OKな接し方の解説

内向型

ごまかしの嘘は、親の口だし不要のサイン

子どもによくある嘘に、部屋を片づけていないのに「片づけた」、宿題をやっていないのに「やった」と言うごまかしがあります。これらは、すぐにバレる嘘ですが、親の期待を裏切るため、イライラして悲しい気持ちになります。

このような嘘が繰り返される場合は、子どもは「親の口だしはもういらない」と感じています。大人が期待する水準まではできていないので、声をかけたくなる気持ちはわかりますが、言っても効果がないときは子どもの気持ちを認めて任せましょう。

子どもが夜遅くになってから宿題を始めて就寝が遅くなったら、「だから言ったでしょ」と叱るよりも、日を改めて話し合います。「帰宅後にどう過ごすかは自由だけど、睡眠時間を守るために22時には寝てほしい」のように親の希望を伝えてください。自分のペースでやりたい内向型の子どもには、このくらい自己管理の自由を与えて本人に考えさせるほうが合っています。

また、子どもは成長するに従って、自分だけの秘密を持つようになります。たとえば、好きな人や憧れる人ができたり、いつかやってみたいことができたりします。それらは、自分の胸にしまっておきたい大切な秘密です。

外向的な子どもはやりたいことを隠さずに伝えて親に協力してもらうこともあるので、親は「言ってくれたら協力できるのに」と思うでしょう。しかし、内向型は自分の中にとどめて楽しんだり、考えたりしたいのです。何か隠しごとがあり、子どもが言いたがらないとき、子どもが困っていなければ無理には聞かないで少し距離をとってあげてください。

HSC型

「お母（父）さんの気持ちを心配して本当のことを言えなかった？」と伝える

子どもはみんな親の期待に応えたい、親に心配をかけたくないと願っているものですが、ＨＳＣ型はそれがひときわ強く、その思いが嘘になってしまうことがあります。

本当は学校へ行くのが苦しいときも「楽しいよ」と子どもが言うときは、親に心配をかけたくない気持ちや、学校でうまくやっていると思ってほしい気持ちがあります。

また、親の喜ぶ進路を口にすることがあるかもしれません。親が喜ぶとうれしくて、ますます自分から嘘を言ってしまうこともあります。悪い成績を隠すときも、不都合なことを隠すというよりも親をがっかりさせるのがつらいと思っていることがあります。

HSC型の子が嘘をついているときは、「お母（父）さんの気持ちを心配して言えなくなってしまったのかな？」と子どもに問いかけて、本当の気持ちを話してもいいこと、親も話してほしいと願っていることを伝えましょう。

子どもが親の顔色や空気感を読んでいると感じたら、いったん「そうなんだ」とその嘘を受けとめてあげます。そのうえで「でも、違う気持ちもある？」「心配かけたくないと思ったかな？」のように聞いてみるといいかもしれません。

言いにくいことを言えたときは、「言ってくれてありがとう」と伝えます。本音を伝えると相手が喜ぶという体験を重ねて、自分の気持ちを言う力をつけていきましょう。

NGな接し方の解説

嘘をついたらダメと言ったよね

嘘はダメだと教えてきたのに、子どもがまた嘘をついたことがわかると、親はとても悲しい気持ちになります。でも、子どもが親に言われた通りに行動するのは、かなり難しいことです。

「親との約束が守れないダメな子」と責めるよりも、親が冷静になって、子どもがなぜその嘘を言ってしまったかを考える時間をつくってみてください。

嘘つきは、信用されなくなるよ

嘘つきが信用されなくなるのは、その通りです。子どもが嘘を言うと、次から「本当かな」「怪しいぞ」などと親が疑うようになってしまいます。でも、だからといって親が子どもを本当に信用しなくなるわけではありませんよね。

子どもにこの言い方をするのは少し強すぎるので「嘘だったとわかると、がっかりするな」「嫌な気持ちになっちゃうよ」など、親の気持ちを伝えるほうが子どもには届きやすいです。

言いわけなんて聞きたくない

子どもが嘘をついたとき、「言いわけなんか聞きたくない」と思って、子どもにもそのまま言ってしまうことがありますよね。

でも、子どもに言い分があるときは、きちんと聞いてあげましょう。子どもの理屈は未熟で自分勝手かもしれません。しかし、「そう思ったんだね」と受けとめてもらうと、子どもの気持ちが落ち着いて素直に反省できます。さらに、次の機会ではその嘘をつかないでいられるようになっていくのです。

子どもが悪かったとしても親に冷静に話を聞いてもらえることは、親への信頼感を育みます。少しずつ積み重ねた信頼感は、やがて子どもが思春期を乗り切る糧になるでしょう。親子間の生涯の宝物にもなるので、ぜひ話を聞いてあげてくださいね。

内向型・HSC型のお悩み③

マイペースすぎて行動が遅い

どんなに急かしても、子どもは誰でもマイペースなものです。子どもがマイペースな理由の1つは、まだ時間感覚がないからです。そもそも5分がどのくらいかもわかっていません。

朝起きて支度をして幼稚園に行くとしたら、大人は支度や登園は準備の時間で幼稚園に行ってからが生活や遊びだと考えます。しかし、子どもにとってはすべてが「今を生きる」で区別はありません。

だから、食事や着替え、登園の最中にも、興味を持つことがあるとそれに夢中になります。でも、つい夢中になる遊びは、子どもの興味関心や意欲、想像力や集中力を育てる貴重な時間です。難しいかもしれませんが、のんびりマイペースは時間の無駄遣いではなく、子どもを育む大事な機会だと理解して尊重できるとよいですね。

多くの子どもたちは、小学校の時間割にそって生活する体験を通じて、時間感覚を身につけます。それでも、「あと10分しかないから急がなきゃ」のような自律性が持てるようになるのは小学校中学年以降。

それまでは子どもの理解の程度に合わせて、大人がサポートする必要があります。たとえば、親が効率のよい段取りを決めたり、区切りのよいタイミングで声かけをしたり、アナログ時計で時間を見える化するなどの方法があります。そして、子どもが時間を守れるようになるためにはあせらないことも大切です。小学生の間に生活リズムが守れるようになり、中学生の間に自律的なペース配分ができたらOKくらいに考えましょう。

大人の都合で子どもを日常的に急かすと、せっかちで落ち着きのない性格をつくります。さらに、ただ親の言うままに行動するだけになると、自分で考える力が失われて子どもを無気力にさせてしまいます。

また、効率重視のせっかちタイプは短期的なパフォーマンスは高いものの、長期的にはのんびりマイペースタイプのほうが結果をだすと言われます。

子どもたちが大人になる頃には、与えられた課題を効率よくこなすことより、自分で課題に気づき、新しい方法で解決する能力が求められると予測されています。子ども時代のマイペースは、その基礎づくりになるでしょう。幼少期に親の苦労は多いかもしれませんが、大人になると得難い長所になりますから、大切に守ってあげられるといいですね。

ヌが心配なとき

OKな接し方

内向型

これからの予定を伝えて、気持ちの準備をさせておく

HSC型

お急ぎモードでがんばる時間と場所を限定する

子どものマイペー

NGな接し方

急いで!

置いていくよ

もう知らない

OKな接し方 の解説

内向型

これからの予定を伝えて、気持ちの準備をさせておく

内向型は、自分の時間を自分で律したいタイプです。律すると言っても、学校の時間に合わせて行動するのではなく、自分の内なる声や価値観にそって動きます。だから、周りから見ると時間にルーズで自分勝手に見えるかもしれません。でも、自分の世界を持ち、自分でよく考え、周りに流されずに努力する内向型の長所は、自分のペースが守られるからこそ発揮できます。

マイペースを叱ったり、むやみに管理しようとすると、子どもがイライラして集中できなくなったり、無気力になったり、親子関係が悪くなってしまうこともあるので注意してください。子どものやり方を尊重するサポート方法を考えましょう。

たとえば、

- 予定をあらかじめ子どもに伝えて、気持ちの準備をさせておく
- 早めに声をかけて子どものタイミングで行動できるようにする
- 「あとどのくらいで終わる？」と子どものタイミングを聞いて合わせてあげる

などの方法があります。

また、家では食事や寝る時間以外は、子どもが自分で決めて過ごせるようにするのもよいでしょう。子どもは親が自分を尊重してくれると、自分も親の言うことを尊重しようとするものです。このような相互の信頼関係をつくると、子育てが格段にラクになります。

HSC型

お急ぎモードでがんばる時間と場所を限定する

感受性の強いHSC型は、安心できる環境にあるときは、必要に応じて周りに合わせながらも自分のペースで力を発揮することができます。でも、忙しすぎたり、いつも急かされたりしていると、プレッシャーを感じてストレスが高まります。さらに、周囲の要望に応えるために無理をしてがんばるため、二重に負担がかかってしまうでしょう。日頃から無理のない生活を心がけてください。

基本的にHSC型の子どもはプレッシャーを感じる環境から遠ざけたほうがいいですが、学校などで避けることが難しい場合もあります。そんなときは、がんばる時間や場面を限定してあげましょう。学校ではみんなに遅れをとらないようにがんばるけれど、家にいるときはゆっくり過ごす、というようにのんびりできる時間をつくってください。

しかし、いったんお急ぎモードに入ってしまうと、のんびりモードに変更するのが難しいことがあります。

子どもがリラックスできる方法をいくつか持っておくといいですね。学校の休み時間には外を眺めたり、図書室に行って本を読んだり、自分のペースを取り戻せる過ごし方を提案してみてください。また、お気に入りの肌触りのよいタオルに好きな匂いをつけて持っていくのもいいアイデアです。

下校後は、家でゆっくりくつろぐ時間を持って、リラックスすることが大切です。温かい飲み物を「ふ～ふ～」してゆっくり冷ましながら飲むとか、夕食までは時間を気にせずにぼんやり過ごすなどもおすすめです。

NGな接し方の解説

親が忙しい、または子どもの用事で急ぐことが多いと、時間をムダにしてはいけないと思っていつも急いでしまいますよね。

しかし時間の奴隷になってしまうと、子どもに目を向ける時間が減ったり、イライラしやすくなったりするので気をつけましょう。急がなくてもいい休日などは、ゆっくり過ごすように心がけてください。

置いていくよ

もう知らない

子どもを急かすためについ言ってしまう言葉ですが、多用すると子どもが聞き流してしまうので効果はありません。また、本当に置いていってしまうとやりすぎです。

子どもにあらかじめこれからの行動の見通しを伝えておき（公園のあとはお買い物、そのあとは自宅へ帰るなど）、子どものタイミングを見計らって切り替えをうながし、子どもの協力を得たいところです。

ぎりぎりのタイミングで、「行く」「行かない」「帰る」「帰らない」のせめぎ合いになると、子どもは「いつも命令するお母（父）さんなんて嫌いだ。絶対にお母（父）さんの言うことはきかない」と意固地になります。

そんなときは、

①「イヤだよね、悲しい気持ちだよね」と子どもに共感する

②「本当はもっと遊びたいよね」と受けとめる

③「でも、買い物に行かないといけないんだ。嫌な気持ちにさせてごめんね」

といった手順で親の気持ちを伝えると、子どもの協力を得やすくなります。

内向型・HSC型のお悩み④

チャレンジできない

自転車の練習中に転ぶと、泣いてすぐにあきらめてしまう。折り紙が上手に折れないと、怒って投げだしてしまう。ダンス体験に連れていくと、他の子どもたちは初めてでも楽しそうに踊っているのに、固まって親から離れようとしない。このように、チャレンジを怖がってしまう子どもは多くいます。

子どもが失敗を嫌がるのは、物事の理解や予測ができないことに関係します。初めての自転車や折り紙がうまくできなくても、練習したらできるようになることは、大人には自明のことですが、子どもはまだそれがわかりません。できないことがわかるとびっくりしたり、腹を立てたり、悲しんだり、固まったりするのです。感情を表現することは、子どもなりのストレス発散で、固まるのは怖さを最小限にとどめる方法です。大人は、子どもなりに対処しようとしていると理解して待ってあげましょう。

子どもが失敗したときは、「グッジョブ!」と言ってハグしてあげるなど、親は失敗しても気にしないし、子どものチャレンジを素敵なことだと感じている姿勢を伝えられるといいですね。すると、子どもは少しずつ失敗への不安をやわらげていけます。

子どもが失敗して「もうやらない」となったら、少し時間をおきましょう。怖い気持ちがやわらぐと、自然と「またやってみようかな」と思えてきます。練習するとできるとか、できるようになってうれしい体験を重ねると、子どもも自分なりの予測を立てて、努力できるようになるのです。

ちなみに、自転車や折り紙ができるようになるには、身体能力や指先が充分に発達している必要があります。無理してがんばらせるより、ラクにマスターできるときまで待つのも賢い選択です。「少しがんばったらできた！」という手応えは、子どもの次もチャレンジしてみたい気持ちを引きだします。

また、子どもが好きなことを応援するのも大切です。子どもは、自分が好きなことをしているときに、自然とチャレンジしています。好きなことで培ったチャレンジ体験が、苦手なことへ挑戦するときに「できるかもしれない」という効力感をもたらします。

ジしてもらいたいとき

OKな接し方

内向型

「わたし（親）はできると思うけどな～」と親の意見を伝える

HSC型

子どものそばにいて、緊張しない場所をつくる

子どもにチャレン

NGな接し方

失敗してもいいからやってごらん

もっとこうしたほうがいいよ

ちゃんとがんばりなさい

OKな接し方 の解説

内向型

「わたし（親）はできると思うけどな～」と親の意見を伝える

内向型は、自分の予測がはずれることを嫌うので、幼少期は失敗を怖がり、チャレンジすることに対して消極的なところがあるかもしれません。失敗すると「もうイヤだ」と言って、意固地になるところもあります。そんなときは「イヤだったね」と言って、その気持ちをそのまま認めてあげましょう。ほとぼりが冷めると、再チャレンジできます。

また、自分がやりたい、できるようになりたいと思うときには、持ち前の粘り強さを発揮してがんばり抜くことができます。達成したい気持ちが強いぶん、「できない！」と泣いたり怒ったりしながら行うなど、感情的になることもありますが、一生懸命な気持ちを応援してください。

やりたいことはがんばれる内向型ですが、興味がないことや無理だと思うことには消極的になります。そういうときは、「できるよ」とか「やってごらん」とうながしてもうまくいきません。

子どものやりたくないを受け入れたうえで、「わたしはできると思うけどな～」と親の意見を伝えたり、「苦手だと思うと、本当に苦手になっちゃうんだって～」と一般論を伝えておくと、子どもがそれを気に留めて考えてくれます。

自分の中で咀嚼して、「そうかもしれない」と思うと、別のときに「苦手と決めつけるのはいけないんだよ」などと言いだすこともあります。このように、子どもが納得して動くまで待ってあげるといいですね。

HSC型

子どものそばにいて、緊張しない場所をつくる

HSC型の子どもは、初めての場面で緊張していると、固まってしまう傾向があります。固まることで自分を守りながら、周りの様子を観察しています。そんなときは、親が一緒にいてあげたり、安心して観察できる場所をつくってあげたりしてください。

緊張がほぐれて興味が湧くと、自分からチャレンジしますし、活発に参加することもできます。初めてで緊張したけど大丈夫だったという経験を積み重ねていくと、子どもの中にも初めてでもできるイメージが湧くようになり、自分で不安をコントロールできるようになっていきます。

また、周りの環境に影響されずにチャレンジできるようになるには、次のような

方法も効果的です。

①自分と他者の間に境界をつくる

相手の気持ちがわかるからといって、相手を優先して自分をないがしろにすることは、やりすぎでよくないことだと教えていきましょう。

②気持ちを切り替えるスイッチを見つける

心配なことだけに支配されずにリラックスできるように、子どもなりの方法を親と一緒に見つけてください。

③自分の気持ちを確認する

自分軸がわからなくなったときには、自分の思っていることを紙に書きだしたり、親に話を聞いてもらったりすることで、自分の気持ちを確認させましょう。

①～③を親子で少しずつ練習していくと、周囲と自分の線引きができるようになっていきます。

NGな接し方の解説

失敗してもいいからやってごらん

「失敗してもいいからやってごらん」は使う場面によって、励ましにも脅しにもなります。

子どもが「やってみたいけど失敗が怖い」と訴えたときは、失敗してもひとりじゃないよ、大丈夫という意味の励ましの言葉になります。

でも、「失敗が怖いからやりたくない」と言っているときは、失敗を怖がらないでやりなさいという命令の言葉になってしまいます。

もっとこうしたほうがいいよ

子どもががんばっていると、つい「もっとこうしたほうがいいよ」とか「次はここに気をつけようね」などと助言したくなるものです。

でも、子どもにとって親の助言は「これじゃダメ」という否定の意味で伝わります。どこまでがんばればよいかわからず、やる気を失うこともあるかもしれません。エンドレスにダメだしすることで、子どものやる気がなくならないように注意しましょう。

ちゃんとがんばりなさい

子どもがすぐにあきらめて投げだす態度をとると、大人はちゃんと集中してがんばればできるのにもったいないと感じて「ちゃんとがんばりなさい」と言いたくなります。

残念ながら、この言葉は抽象的すぎるので、子どもにはうまく伝わりません。チャレンジしてみたものの、子どもが集中できずにいたら一度休憩をはさんでみましょう。また、あきらめている様子が見られるときは、コツやヒントを教えるなど、具体的なサポートをするとがんばることができます。

内向型・HSC型のお悩み⑤

ずっと自分の部屋からでてこない

子どもにとっての自室の位置づけは年齢によって異なります。

小学校低学年までは、子どもは親がなんでも知っていることで安心します。自室は必要ない年齢ですし、部屋で遊んでいても親が来ることを嫌がりません。

小学3、4年生になると、親より友だちと一緒にいることを好み、自分たちの秘密を持ち始めます。それでも、この時期の秘密は他愛のないものです。

小学5、6年生は思春期の前段階、中学生になると思春期に入ります。この頃から自室は子どもの大切なテリトリーとなって、何もかもが秘密で親に知られたくないものになります。親離れの準備が始まるのです。

子どもが部屋にずっといると、生活が乱れたり、部屋が汚くなったり、勉強がおろそかになることが多いでしょう。でも親が何か言っても反発するだけなので、子どもが自分でやろうとしていることを認めて口だしは控えましょう。部屋にこもりがちでも、一緒に食事をしたり、テレビを見たり、雑談できるなら心配しなくて大丈夫です。

もし低学年から自室にひきこもるようなら、トラブルを抱えている可能性があります。子どもの様子を見ながら、学校や友だちの話を聞いてみてください。また、子どもに対して親が過干渉になっていないか、勉強などを無理にがんばらせていないかなど、親子関係を振り返りましょう。思い当たることがあったら修正します。どう修正すべきかわからないときや、修正しても子どもの様子が変わらないか悪化するなら、スクールカウンセラーや市区町村の相談窓口に話してみてください。

子どもに自室を与えるときは、その前に充分な親子の信頼関係を築いておくことが必要です。信頼関係というのは、親が子どもを、自分とは違う可能性を秘めた存在で「この子はきっと大丈夫」と思っていること。また、子どもが親を、自分の気持ちを尊重してくれるし、困ったときは助けてくれると思っている状態です。信頼関係があれば、子どもは親をうっとうしいと感じても遮断せず、必要なときはきちんとコミュニケーションがとれるはずです。

信頼関係なしに部屋を与えると、子どもは孤独と自由を同時に得ることになるため、生活が乱れやすくなります。子どもの成長を考えながら部屋を与えるタイミングを調整してみてください。

…なくて心配なとき

OKな接し方

内向型

子どもが自分の世界に没入することは大事な時間と認める

HSC型

「一緒にお茶でも飲もうね」と嫌がらない程度にサポート

自分の部屋からでて

NGな接し方

部屋で何しているの？

掃除しなさいよ

ちゃんと勉強してるの？

OKな接し方の解説

内向型

子どもが自分の世界に没入することは大事な時間と認める

内向型の子どもにとって自分の部屋は、誰にも邪魔されず、自分の世界に没入できる大切な場所です。部屋で過ごす時間が長くても、家族を嫌っているわけではないので心配しないでください。

子どもが自分の世界を持ち、没入することは、すべての子どもにとって必要不可欠です。子どもたちは、遊びや想像の中で、自分の好きなものになります。現実には泣き虫で臆病でも、遊びの中ではヒーローや海賊になれます。その内面体験が、現実の困難に立ち向かい、乗り越えようとする力を育てます。

もちろん、子どもはいつまでもファンタジーの世界にとどまるわけではなく、関心はやがて本や音楽、ゲームやアニメなどにシフトしますが、それらに触れる時間が内向型にとって大事なエネルギー源であり続けます。子どもが夢中になることや、没入する時間を大事なこととして認めてあげましょう。

内向型の子どもが、何か悩んだ様子で部屋からでてこないときは、「なんだか元気がないみたいだけど、何かあった？」などと声をかけてみてください。話してくれるようなら聞いてあげます。「なんでもない」と否認するときは、「話してみたくなったらいつでも言ってね」と伝えておきます。

いずれにしろ、しばらくは子どもの様子に注意しておきたいですね。気にかけているよというアピールで、子どもの返事は期待せずに「最近どう？」と声をかけるのもいい方法です。もしくは、子どもの好物メニューを増やして、何もできないけど応援している・あなたはひとりじゃないと伝えましょう。

子どもとしては、うれしさとうっとうしさが半々かと思いますが、ひとりじゃないと感じることでがんばれるはずです。

HSC型

「一緒にお茶でも飲もうね」と嫌がらない程度にサポート

環境感受性の高いＨＳＣ型の子どもは、そのときどきの環境設定に精神状態が左右されやすいので、自分が落ち着ける場所が家の中にあるのは、とても大切なことです。自分の部屋で過ごすことを尊重してほしいですが、子どもが通常よりこもりがちになっていたら一度声をかけてみてください。

ストレスが高くてひとりでいたいのかもしれないですし、親に心配かけたくないと思っているかもしれません。ストレスでつらい様子なら、まずは、こころと身体を休めさせてあげる必要があります。「落ち着いたらお茶でも飲もうね」などと声をかけて、ひとりにさせてあげましょう。

もしも心細さを訴えるなら一緒に過ごして、気持ちが落ち着いたら子どもの話を聞いてみます。穏やかに、肯定的に話を聞いてあげると、子どもの気持ちがラクになるはずです。

ＨＳＣ型の子どもは、必要なときに大人の助けを得られることが大切ですが、思春期に入ると素直に助けを求めたり、受け入れたりしなくなるかもしれません。そんなときは、ひとりにしてほしい気持ちや、自分でやりたい気持ちを尊重してください。

でも、リビングに子どものくつろぎグッズを置いたり、一緒にティータイムを楽しんだり、嫌がらない程度に子どものサポートを継続できるといいですね。

NGな接し方の解説

部屋で何しているの？

子どもが自室にひきこもるときは、ひとりでいたい、自分の世界で過ごしたい、親と距離を置きたいなどの願いがあります。

小学校高学年以降は、「成長の一過程」と受けとめて見守ってあげましょう。子どもが何をしているか知りたがったり、ひきこもりを責めたりすると、こころを閉ざしてしまいます。

掃除しなさいよ

自分の部屋ですし、「自分でやる」と言ったなら、責任を持ってきちんと片づけて掃除をしてほしい。それは最低限のことではないかと、大人なら誰しもそう考えるはずです。

でも子どもにとって掃除は優先順位が低いことに加え、要領よく荷物を整える力がまだついていないこともあります。大人のイメージ通りに掃除をさせるのは、なかなか難しいでしょう。

強く言えば言うほど親の関与を拒絶するので、「ゴミがあったらもらうよ」「手伝おうか？」といったニュアンスで注意喚起してください。片づけや掃除ができたら「ありがとう」と伝え、少しずつできることを増やしていきましょう。

ちゃんと勉強してるの？

思春期に部屋にひきこもりがちになり、かつ生活の乱れが生じると、親はつい小言が多くなります。親にしてみれば、必要最小限の口だしをしているつもりでも、子どもから見ると不要なことを押しつけられていると感じて反発し、ますますこころが閉じてしまいます。

また、引きこもりがちになる子どもと話せる時間は貴重です。それを小言で使ってしまうと、大事な話もできなくなります。必要で正しいことも、子どもに伝えられなければ意味がないので、小言はやめておきましょう。それよりも、「気にかけているよ」「困ることがあったら言ってね」というメッセージを伝えてください。

内向型・HSC型のお悩み⑥

習いごとをやりたがらない、続かない

習いごとは、学校ではできない体験ができるので、子どもに合ったものを選んであげたいですよね。でも、子どもが習いごとをやりたがらなかったり、続かなかったりすることもあります。

就学前の子どもの習いごとは、親が選んで始めるものがほとんどです。見学や体験はしてみたものの、子どもが興味を持たないこともあります。その場合は、無理に始めないで少し待ってあげてください。親子でプールに行ったり、舞台を見に行ったりして、子どもの関心度を探ったり、興味を持たせてあげてください。子どもが新しい場所に不安を感じて、親から離れなかったら、親子で一緒に参加できるものを探しましょう。

小学生以降は、自分から「やりたい」と意思表示してくれるはずです。また、お友だちに誘われて始めることもあるでしょう。子どもの意欲を応援してあげられるといいですね。

習いごとにおいて、親はスキルの習得や才能を伸ばすことを期待しがちですが、子どもにとっては学校とは違う体験ができることや、楽しくがんばれる手応えが大切です。もし、やりたい気持ちがなくなってしまったら、無理に続けさせてもメリットはありません。

せっかく始めたのだから一定レベルまでがんばって続けてほしい、簡単にあきらめないでほしいと思ってしまいますよね。けれども、子どもはそこまでの覚悟を持っているわけではありません。行きしぶる子どもをなだめすかして連れていくようなら、辞めることも検討してください。

子どもの気持ちを確認しても、何が嫌なのかはっきりしない。また、やめるかどうか決められないときは、親に叱られたり、がっかりされたりするのが嫌で本当の気持ちが言えていない可能性があります。親がプレッシャーをかけていないか振り返ってみてください。

ことをさせたいとき

OKな接し方

内向型

いろいろな場所に遊びに行き、こころに響くものを見つける

HSC型

習いごと教室の方針や先生との相性を確認する

子どもに習いこ

NGな接し方

あなたが習いたいと言ったから始めたんでしょう？

嫌ならやめなさい！

興味のあることないの？

OKな接し方の解説

内向型

いろいろな場所に遊びに行き、こころに響くものを見つける

自分のやりたいことがはっきりしているのが内向型です。

親が「スイミングを習わせたい」と思ってすすめたり、学校の友だちのほとんどがサッカークラブに入っていたりしても、自分が興味を持たなければ、「やる」とは言わないでしょう。

でも、自分が「これをやってみたい」と思うと、遠くまで通わなければならなくてもチャレンジする意欲と意志の強さがあります。

子どもが習いごとに関心を示さないときは無理にする必要はありませんが、何かさせてあげたい気持ちもわかります。そんなときは、一緒にスポーツを楽しんだり、旅行に行くなどして、子どもの興味関心を探ってみましょう。美術館や博物館に連れていくのもいいですね。子どものこころに響くものが見つかると「やりたい」と教えてくれるはずです。

自分の意思で始めたら、簡単にはあきらめない内向型ですが、スランプに陥ったり、興味が失われてきたりすることもあります。習いごとへの意欲が低下している様子が見られたら、子どもの相談にのってください。別の先生に習ってみたいとか、別の習いごとに興味が移っていることもあるかもしれません。親子で話し合って納得のいく選択をしてくださいね。

HSC型

習いごと教室の方針や先生との相性を確認する

HSC型の子どもは、感受性が高いので、さまざまなことに興味を持ちます。

レストランでおいしいご飯を食べると、料理に興味を示してお手伝いをしたり、お庭の手入れを手伝ったら自分で植物を育てたくなったり。お友だちの発表会に行ったら、自分もピアノやダンスを習ってみたくなったりします。

まずは、子どものやりたい気持ちを大切にしてあげられるといいですね。

習いごとを始めるときは、子どもの願いと教室の方針が合っているか、先生との相性はどうかなどを確認して選ぶことが大切です。いい出会いがあると意欲的に取り組んで成長できますが、相性が悪いとストレスになってしまいます。

行きしぶったときは、子どもの気持ちを聞いてみてください。

ストレス要因があるときは、親子で話し合いをしながら、先生や教室を変えるなど検討が必要になるかもしれません。

逆に、親の期待を察して「やめたい」と言いだせないこともあります。

「自分の気持ちを優先していいんだよ」と伝えておきましょう。

NGな接し方の解説

あなたが習いたいと言ったから始めたんでしょう？

子どもがやりたいと言って始めたのに、やめたいと言われると、親には責める気持ちが湧いてくるものです。

でもこの言い方では、子どもの悩みを無視して続けることを強要してしまいますし、子どものやる気も引きだせないので、行きたくない気持ちを聞いてみましょう。

気持ちを伝えてくれないときは、「前に言ったけど、わかってもらえなかった」と子どもが感じている可能性があります。親の願いと違っても、子どもを責めずに希望を聞き入れてくださいね。

嫌ならやめなさい！

習いごとで、子どもが弱音を吐くことがあります。親は「情けない……」という気持ちになって、つい「嫌ならもうやめなさい！」と言ってしまいがちです。しかし、子どもは弱音を吐くことでストレスや不安を解消しようとしています。ですから、「弱音を吐きたくなるときもあるよね」と受けとめてください。

そのようなやりとりを通じて、子どもは壁を乗り越えて成長できます。

興味のあることないの？

親は、子どもが興味を持つことや好きなことは、もっとやらせてあげたい、技術を身につけさせたいと願うものです。でも、休み時間に友だちとサッカーをするのは好きでも、放課後や週末にサッカーを習うのは嫌かもしれません。無理に習いごとに結びつけて上達を目指すと、かえって子どもの「好き」が失われることもあります。

4章

内向的な子どもの未来

15年後に求められる力

4章では、内向型とHSC型の子どもたちが、将来どのように活躍できるのかについて検討していきます。その前に、今の子どもたちが大人になる10〜15年後に一体どのような社会になっていて、その社会ではどんな能力が求められるのかについて見ていきましょう。

2013年に「10〜20年後にアメリカの雇用の47%がコンピューターに置き換えられる」とする論文が発表されました（オックスフォード大学カール・フレイとマイケル・オズボーン）。2015年には日本でも「AIの導入によって日本の労働人口の49%の仕事が10〜20年以内になくなる」というレポートが発表されています（野村総研とマイケル・オズボーンの共同研究）。今の子育て世代は、自分自身の雇用に加え、子どもたちが将来AIに負けない仕事に就けるかどうかを心配しているのではないでしょうか。

スクールカウンセラーをしていると、子どもたちとの何気ない会話の中から、将来について親からどんなことを言われているのかを知る機会がありました。10年ほど前までは「ブラック企業に入らないように」「公務員をすすめられる」や、「非正規雇用ではなく正社員になれと言われる」という声をよく聞いたものです。しかし、ここ数年は「AIに仕事を奪われないようにしなさい」という言葉に変わりました。どこのご家庭でも心配している様子がわかります。

ちなみに、カウンセラー（臨床心理士・公認心理師）は、AIに仕事を奪われない職種だと思われることが多いですが、じつはそうでもありません。精神科医より高精度でメンタルヘルスの状況を診断できるAIが開発されたり（筑波大学2021年）、AIが搭載されたカウンセリングアプリがすでにあり、メンタルヘルスはAIの活躍領域であるといえます。当面は、人がAIを活用して精神やこころのケアにあたると思いますが、いつかＡＩにすべてお任せする日が来るかもしれません。そしてそれは、案外近い未来かもしれません。そう思うと、ちょっと怖い気持ちになります。若者から、カウンセリングはＡＩに負けない仕事だという期待も含んで「臨床心理士になりたい」と相談されたとき、どう答えるべきか迷います。「やりがいのある仕事だから応援するね」と伝えるとともに「これからはどの仕事も働き方が変わる可能性があるから、学び続けること、変化を怖がらないことが大事」と話すことにしています。

一方で、働き手が不足するとの予測もあります。

『「働き手不足１１００万人」の衝撃　２０４０年の日本が直面する危機と〝希望〟』（古屋星斗・リクルートワークス研究所　２０２４）は、高齢者人口比率が急速に高まるために、慢性的な人手不足が生じて２０４０年には生活維持が難しくなるほどの人手不足になると警鐘を鳴らします。働き手不足を解消するには、仕事の自動化を急速に徹底していくことが必要だと述べ、ＡＩの助けを借りて人手不足を補う社会がやってくると予測しています。

10年後について、真逆の予想が発表されるほど将来予測が難しい中で、わたしたちは子どもをどう育んであげたらよいのでしょう。このような困惑は日本だけでなく、他の国々でも共通しています。

OECD（経済協力開発機構）は、「2030年に社会にでる子どもたち」を「現時点では存在していない仕事に就き、開発されていない技術を使い、想定されていない課題を解決することになる子どもたち」として、どのような能力を身につける必要があるのかについて検討しています（OECDラーニング・コンパス2030）。それによると、基礎学力に加えて次の3つの力が必要になるといいます。

● 新たな価値を創造する力
● 対立やジレンマに対処する力
● 責任ある行動をとる力

新たな価値を創造する力

今の親世代は、「新たな価値を創造する力」を育てるという価値観のもとに教育を受けていません。だから、どのように自分の子を育てていいのかわからないのは当然です。そんな迷いの中で子どもに接するときのポイントは、次の4つにまとめられます。

【子どもの創造力を育むためのポイント】

①子どもの力を信じる
②大人が教えすぎない
③失敗をとがめない
④アンコンシャス・バイアス（無意識の偏見）に疑問を持つ

①子どもの力を信じる

子どもの考えは、自由すぎて荒唐無稽だったり、夢物語にしか思えなかったりするかもしれません。でも、子どもの発想には可能性が秘められています。子どもが大人になる頃には、技術的に実現可能になるものもあるでしょう。もしくは、子ども自身が可能にしていくかもしれません。子どもの「こうしたい」「こうだったらいいな」という考えや思いは、可能性の種として大事にしてあげましょう。

そのためには、子どもの思いを笑ったり否定したりしないで肯定的に聞いてください。

子どもの夢見る力を否定すると、成長を抑制してしまいます。ＨＳＣ型は否定されると夢見ることをあきらめてしまうかもしれません。内向型の子どもは、新しくユニークな考えを持っているのに決して人に言わなくなってしまいます。

一方で「夢を実現するためには○○大学に入らないといけないよ」というように、子どもの夢を大人の都合がいいように利用しないでください。そんなふうに言われると、子どもは二度と自分の興味関心を大人に打ち明けなくなってしまいます。

②大人が教えすぎない

なるべく早くたくさんのことを子どもに教えると、効率よく力がつくように見えますが、自動的に覚えているだけでは、子どもの考える力は育ちません。

とくに内向型の子どもは、大人に言われても鵜呑みにせず、自分で考える力を持っています。一見「素直じゃない」と感じられる点は、じつは大きな長所です。

HSC型の子どもも自分か他人かを問わず、誰かが困っているのをキャッチして自分に何ができるかを考えることができます。大人が教えすぎて、子どもたちの持ち味が失われないように注意してください。

③失敗をとがめない

子どもが失敗したときは「だから言ったでしょ」とか「また失敗したの？」ではなく、「失敗しちゃったね」「残念だったね」のように受けとめながら、片づけを手伝ってあげましょう。大人が叱ったり責めたりすると、子どもは失敗は悪いことと認識して、避けたり隠したりするようになるのです。また、何かやって失敗するより、何もしないほうがいいと考えてしまいます。つまり、失敗を叱ると、子どもの主体性や積極性を消してしまうことになります。

内向型やＨＳＣ型の子どもは、もともと失敗を嫌がる・怖がる傾向がありま す。失敗をすると周りが想像するより驚いたり、怖がったり、恥ずかしがったりしますが、子どもがショックを受けている場合は、まずは気持ちを落ち着かせて安心させてあげましょう。子どものネガティヴな反応に大人が穏やかに寄り添うと、子どもは少しずつ「怖くない」「大丈夫」という感覚を持つようになるのです。これは、子どもにもよりますが、年単位で徐々に変化していきます。こうして、子どものチャレンジする気持ちを育ててあげましょう。

④アンコンシャス・バイアスに疑問を持つ

アンコンシャス・バイアスを直訳すると「無意識の偏見」といい、安易なパターン理解が偏見や決めつけをしてしまうことを指します。

たとえば、赤いランドセルは女の子が持つものや、女子は男子より共感力が高いと思うのはアンコンシャス・バイアスです。実際には、20人に1人の割合で男の子も赤やピンクのランドセルを選んでいます（2019年ランドセルナビ）。また、共感力に男女差はなく、ただ女子のほうが共感を言動で表現しやすい傾向がありますそれが性差によるものなのか、母親の真似をしたり、周囲の期待を察知して自然と行っているのかまではわかっていませんが、社会的な影響が推察されます。

さらに、「子どもは元気で明るく、少しくらい失敗しても気にしないもの」というのもアンコンシャス・バイアスですね。子どものことが心配なとき、自分の思い込みからくるものではないか振り返ってみてください。子どもに対するアンコンシャス・バイアスに気づくことができれば、親の不安を手放しやすくなります。

内向型はじっくり考える性質から、ＨＳＣ型は自分と他者の違和感に気づけるところから、アンコンシャス・バイアスに疑問を持つ力のある子どもたちです。何か違和感をもったとき、子どもの意見を聞いてみると、子どもの力を育めますし、大人も新しい学びを得られます。たとえば、家庭科が得意な男の子や消防士になりたい女の子がいると、親は少し違和感を持つのではないでしょうか。そういった違和感について、子どもはどう思うのか、または学校の様子を聞いてみましょう。親子で意外と思った事柄について話し合ってみてください。

以上の①～④以外にも、創造力を育むために大切なことが、もう1つあります。それは、子どもがぼんやりする時間を認めてあげることです。

わたしたちの脳は多忙で余裕のないときは、小さなことに気づいたり考えたりせずに、思い込みを多用してパフォーマンス効率を上げる省エネ運転をします。しかし余裕のあるときには、パフォーマンス効率を重視しなくてもいいので、創造的になる性質があります。

みなさんも新しいアイデアを必死に考えても思い浮かばないのに、散歩をしているとき、のんびりお風呂に入っているとき、単純作業をしているときなど、ぼんやりした時間にふといい考えが浮かんだ経験があるはずです。

何か新しい価値を創造する力を育むには、子どもたちものんびり、ぼんやりする時間やゆとりが必要です。子どもが生産的なことを何もしていない時間があると、なんとなくイライラすることがありますが、子どもにとって意味のあるぼんやり時間だと考えてみてください。

対立やジレンマに対処する力

「格差が生じている世界では多様な考えや利害を調停することが緊急課題である」として、OECDは、これからの時代は対立やジレンマに対処する力が必要だとしています。対立とは「二つのものが反対の立場に立って張り合うこと」、ジレンマとは「相反する二つの事の板ばさみになって、どちらとも決めかねる状態」（どちらも『広辞苑』）と書かれています。ジレンマの例をご紹介しましょう。

〝厳しい寒さをしのぐため、1匹のヤマアラシがモグラの家族に「冬の間だけ一緒にほら穴に入らせてほしい」とお願いしました。モグラたちはヤマアラシのお願いを聞き入れました。けれども、そのほら穴はとても狭かったので、ヤマアラシが動くたびに針でひっかかれてしまうのです。そのため、モグラたちはヤマアラシに「ほら穴から出ていってほしい」とお願いしました。ですが、ヤマアラシはこのお願いを断りました。そして言ったのです。「ここにいるのが嫌なら、きみたちが出ていけばいいじゃないか。」”（キャロル・ギリガンのモラルジレンマ）

わたしは初めてこの課題を読んだときに、困惑してしまいました。同様の人も少なくないでしょう。でも、実際に社会にはこのような課題が山積みです。この課題を与えられたアメリカの子どもたちは、話し合いをして「ヤマアラシを毛布でくるむと一緒にいられる」という考えを挙げたそうです。すごいですね。

このジレンマの例題をつくったアメリカの倫理学者・心理学者のギリガンは、ジレンマに向き合うときに、正義や公平性に基づく価値判断ではなく、自分も相手も大切にしようと試みることや、自分が責任を引き受けることが大切ではないかと考えています。

日本でも道徳の授業で、ジレンマ課題が扱われます。日本の子どもたちも、先述したヤマアラシの例で言えば、最初は「ヤマアラシは悪い」とか「ヤマアラシに出ていってもらう」などの単純な善悪判断や、正義感、好き嫌いなどの意見が多いそうです。でも、子どもたち同士で意見交換をすると、アメリカの子どもと同様、片方を切り捨てることのない多様なアイデアをだすようになります。

さらに、「話し合いをしてもわかり合えないことがあり、それは悪いことではない」と理解するのも大事です。自分とは異なる他者のこころや立場を想像して柔軟に考えることや、わかり合えないことを受け入れる態度を身につけることが求められています。

ジレンマは、家庭や学校など身近なところで日常的に発生します。課題に直面したときに今ジレンマが生じていると意識すると、考えが整理できたり、気持ちを落ち着かせたりできます。ぜひ、親子でやってみてください。内向型もＨＳＣ

型も、ジレンマ課題に対して熱量を持って向き合える力のある子どもたちです。

内向型は、すぐに答えがでないときにもあきらめないで悩み続ける力（葛藤する力）があります。また表面的なことに惑わされず、本当の課題が何かを考えようとします。

ヤマアラシのジレンマでいえば、なぜヤマアラシに家がないのかという疑問や、多くを持たない者同士でわけ合うことの意義や問題点に目を向けて、自分は何ができるだろうかと考えるような子どもです。

ＨＳＣ型は、誰のことも切り捨てない方法や、出会いを価値あるものにする方法を考えます。

ヤマアラシのジレンマでいうと、ヤマアラシがなぜあのような物言いをしなければならなかったのか、モグラがいったんは受け入れたものの「やっぱりでていってほしい」と言った気持ちを想像し、同じように困っている人がいるのではないか、自分に何ができるだろうかと問題意識を持てる子どもです。

子どもの考えを聞かせてもらうことで、子どもの考える力を育み、大人も学べて一石二鳥です。

意見を聞くときの注意点は、子どもが自己中心的で他者を大切にできない意見を言っても「そう思うんだね」と受けとめることです。どんな意見も尊重される体験が、自分や他者を大切にする気持ちを育んでいきます。

責任ある行動をとる力

OECDは、「責任ある行動をとる力が、新たな価値を創造する力と、対立やジレンマに対処する力の前提になる」としています。そして、責任ある行動をとるために3つの力が必要だとしています。

【責任ある行動をとる力を育むポイント】

①自己コントロール

②自己効力感

③自己調整の力

①自己コントロール

自己コントロールとは、衝動性を抑えたり楽しみを待ったり、自分の気持ちや行動をコントロールする力です。自己コントロールは年齢を重ねるとともに発達していき、10代後半から徐々に力が高まります。この力には個人差があり、子どもの頃に高い自己コントロール力を持つ人ほど、健康で社会的にも成功するといわれます。

子どもの自己コントロール力を伸ばすには、無理やり我慢をさせないことです。我慢できるといいことがあるときは、あらかじめ予測を伝えておきましょう。たとえば、電車に乗る前から「これから15分電車に乗るから静かにしよう」と子どもに伝えておきます。さらに、電車の中で静かに過ごせるように漫画を持っていくなど、子どもの我慢を助けるものを準備して成功体験を親子で喜びましょう。大切なのは、うまくいかなくても叱らないこと。子どものうちは、できなくても当然で、少しずつできるようになるから大丈夫です。

②自己効力感

自己効力感というのは、カナダの心理学者アルバート・バンデューラが提唱した概念で、自分にはできる・きっとうまくいくと感じられることです。自己効力感があると、障害やストレス状況に直面したときにも、きっとうまくいくと感じられるため、あきらめないでがんばり続けることができます。自己肯定感に似た言葉ですが、自己肯定感は失敗した自分も肯定できることで、自己効力感とは異なります。自己効力感は、成功体験で高まり、失敗体験で弱まりますが、成功体験だけで得られるものではありません。

自己効力感を持つためには、自分のこと、人のこと、そして社会を信頼できると感じられる基本的信頼感があることが前提です。そして、自分で自分を律することができる感覚、自発的にチャレンジして「できた！」と感じる体験が必要です。

内向型は、自分を律する力があり、自己効力感を持てるタイプです。ただときに悩み過ぎて、悲観的になることがあります。「きっとうまくいく」と楽観的な態度で接して子どもをサポートしてください。

ＨＳＣ型は、環境の影響を受けやすいぶん、子どものうちは自分を律することが苦手です。身近な大人が子どものチャレンジを応援し、「きっとうまくいくよ」と励ましてあげることを通じて、自己効力感を育んでいきましょう。

③自己調整の力

自己調整の力とは、社会や環境に合わせて自分の気持ちや言動をアレンジしたり、自分と他者の願いにギャップがあるときに双方を調整したりする力のことです。自己調整には、主張する力と我慢する力の両方が必要ですが、日本の子どもたちは主張する力が弱いといわれます。

内向型は、主張する力も我慢する力も両方持てるタイプですが、主張する必要性を自分が感じないと発言せずにあきらめてしまうところがあります。

ＨＳＣ型は、我慢を求められれば我慢を、主張を求められれば主張をします。内向・ＨＳＣ型ともに、子どもたちに我慢を求めすぎていないか、大人が今一度振り返りをする必要があります。また、子どもが主張できるように、問いかけたり、励ましたりしてあげてください。

内向型は、本人が大切だと感じている物事に対して、主体的に責任感を持って取り組み、困難な場面でも粘り強くがんばり抜く力を持っています。ＨＳＣ型も自分が大切だと思うことに対して熱意を持って関わり、自分と他者とを幸せにしようと努力します。

責任ある行動をとれる大人になる素質は充分にありますから、子どもの長所を大切にしていきましょう。

次からは、内向型・ＨＳＣ型の子どもたちが、具体的にどんな仕事に向いているのかについて触れていきます。

内向型・HSC型と将来の仕事

内向型やHSC型の子どもたちには、自分の持ち味を生かした仕事を見つけてほしいものですよね。でも、子どもの性質が仕事選びに影響しないか、またどんな仕事が向いているのかと不安になる人もいるでしょう。

内向・HSC型の子どもの将来の職業を考えるときに気をつけたいことは、コミュニケーションを必要とする仕事を除外しないことです。外向的な子に比べるとコミュニケーションが得意ではないかもしれませんが、それぞれのコミュニケーションスタイルを持っていて、仕事にできないほど苦手なわけではありません。

仕事に支障をきたすほどコミュニケーションが苦手なのは、コミュニケーション障害がある場合です。コミュニケーション障害というのは、人や社会に対して強い不安や苦痛を感じて日常生活に支障が起きるこころの病気で、治療が必要な状態です。これは1章でお話ししたトラウマ型が該当します。内向・HSC型とは異なるので、区別して考える必要があります。

また、内向・HSP型に向く仕事としてITプログラマーやドライバー、ライターや翻訳家などが挙げられることがありますが、対人接触が少ないからという理由でこれらの仕事を選ぶのは望ましくありません。

これらの仕事は、日常業務の中でコミュニケーションに割く時間は少ないかもしれませんが、そのぶん密度の高いコミュニケーションが求められます。たとえば、事前に仕事の仕上がりについて話し合ったり、進捗状況を擦り合わせたり、問題が起きたときに解決策を話し合うなど、チーム内の意思疎通を図り、役割の違う人に説明・説得したりする必要があるでしょう。コミュニケーション量が少ないと思って選んでいたら、とても務まらなくなります。

また、対人接触の少ない仕事から選ぼうとすると仕事の選択肢を狭めてしまいます。コミュニケーションを避けるのではなく、自分なりのスタイルを模索していけるといいでしょう。一般的に向かないと言われがちな仕事でも、それぞれの持ち味を生かした働き方があります。ここでは、内向・HSP型に向いていないとされる営業職、販売職、リーダーという役割を例に挙げてお話しします。

内向型・HSP型と営業職

営業職は、初対面の人にも物怖じせずに話しかけ、自社製品やサービスを売る仕事なので、対人コミュニケーションが得意で喜びを感じる外向型の人に向いているといわれます。

でも、営業職のエッセンスは、自社の製品やサービスで顧客のニーズを解決することです。顧客自身も気づいていない潜在的なニーズに気づいて解決しようとするのはHSP型が得意とすることです。さらに、市場や競合製品を分析して顧客ニーズとマッチングさせることは内向型が喜びを感じることです。

社交性を発揮して売り込むことはできなくても、顧客に喜ばれるセールスで実績を上げている内向型やＨＳＰ型はたくさんいます。内向型なら自分がファンになれる製品やサービスは何か、ＨＳＰ型なら顧客にどう喜んでほしいのかを切り口に、業種や企業研究をするのがおすすめです。顧客に直接製品やサービスを販売する営業経験を持つのは、その後の職業人生にもいい影響をもたらしますから、ぜひチャレンジしてみてほしいものです。

ところで、内向・ＨＳＰ型が営業を苦手と思うのは、営業が当たって砕けろ・数撃ちゃ当たる式のやり方だと思われているからではないでしょうか。

このようなやり方を内向・ＨＳＰ型も好みませんが、それは、コミュニケーションの不得意さというよりムダが多いと感じたり、相手に迷惑をかける苦痛を感じたりしているからだと推測されます。このような疑問に対して、納得できる説明があれば、内向・ＨＳＰ型もモチベーションを持って取り組むことができるかもしれません。また、これらの疑問を糸口に、営業方法の改善をすることは、働く側だけでなくお客さま側にもメリットがあるはずです。内向・HSP型が営業に携わることで、従来の営業に苦痛を感じていた顧客の悩みが解消することもあるのではないでしょうか。

内向型・HSP型と接客業

常にお客さまと接する仕事も、外向的な人に向いていると考えられています。たしかに、テーマパークのキャストなど明るくふるまい続けることが要請される接客は、内向型は苦手ですし、HSP型には負担が大きすぎるでしょう。でも業種や仕事内容によっては、向いている仕事もあります。

内向型の場合は、ホテルや高価格帯の製品やサービスの販売など、顧客に対して付加価値や専門知識を提供する、自分軸を大事にした接客が向いています。HSP型は相手の不便や苦痛を解消する仕事や、細やかな接客でリピーターをつくる仕事などで強みを発揮できます。同じ接客業だとしても、どんな内容なのかに注目して仕事を選択してみるといいでしょう。

じつは内向型・HSP型が苦手とするのは、接客業務そのものではなくて、スタッフ同士のコミュニケーションかもしれません。

お客さまにベストなサービスを提供するためには、バックヤードでさまざまな調整が必要ですが、内向型はスタッフに気を使う意義を感じないため、ストレートに物事を言いすぎてギクシャクする可能性があります。HSP型は気を使いすぎて悩んでしまうことが想像されます。

また、バックヤードでの雑談を苦痛に感じることもあるでしょう。外向的な人は、雑談を通じて自分の不安を解消し、関係づくりができますが、内向型は意味のない会話に苦痛を覚えます。また内向型は「雑談自体に意味はないが仕事には必要なものだ」と外部から言われると、反発を感じるので自分が納得できる意義を考えるようにしましょう。

たとえば、雑談の目的を「仕事でうれしい・悔しいを共有できる人を得る」に設定してみます。すると、無理に天気の話をしなくてもよいので、もっと素直に人と話すことができます。相手のうれしい、悔しいも聞かせてもらうと、自分と価値観の合う人、合わない人がわかってきます。そうやって、職場に仕事のことを共有できる人が見つかると、楽しく働けるようになるのではないでしょうか。

あるいは雑談の目的を「発見する」にしたら、自分と意見が合うかどうかは別として、自分には思いもつかないことを言う人、いろいろな知識がある人との雑談に意義を見出すことができます。このように、内向型は自分の中で雑談に対する意義を見つけることで、雑談に熱意を持てるようになります。

ＨＳＰ型の人は、外向型と同様に雑談を楽しめる場面もありますが、人に気を遣いすぎてしまったり、周りの対立や嫉妬感情などをキャッチしたりすると自分まで落ち着かない気持ちになることがあります。

仕事でつらい思いをしている人に声をかけるのもいいですが、プライベートでも悩み続けることのないように気をつけてください。オンとオフの切り替えをつけるために、スポーツや音楽を聴くなどのリフレッシュ方法をいくつか持っておきましょう。職場の人間関係は、誰もが悩むことなので、自分だけが苦手だと思ってしまわないで、やりやすい方法を見つけられるといいですね。

内向型・HSP型のリーダー

リーダーとは、知能や創造力、協調性、社交性などで優れた資質を持つ人がなるものだと考えられていました。能力の要素としては内向型・外向型のどちらにも当てはまりますが、とくに外向的な人に向いていると考えられがちです。

しかし外向的だから、あるいは優れた資質があっても優れたリーダーになるとは限らないことがわかってきました。また、変化の激しい時代を迎えて、トップダウンのリーダーシップから、誰でも必要なときにリーダー役が果たせることが求められています。その結果、人の話をよく聞けるリーダー、部下を育てられるリーダーなどが求められるようになってきています。

そこで、内向・HSP型の人も、自分の持ち味を生かしたリーダー役を担うことが期待されています。たとえば、ビル・ゲイツやオバマ大統領が内向型リーダーであるといわれますし、ブリヂストン元CEO荒川詔四氏は『優れたリーダーはみな小心者である。』（ダイヤモンド社　2017）と書いています。もちろん、もっと身近なところにも優秀な内向型・HSP型のリーダーはいます。

ちなみに、わたしが30年あまり企業や学校で働いてきた中で、「また一緒に働けたらいいな」と感じているリーダーが2人います。思い返してみると、2人とも内向型で小さなことにも気づけるタイプの人でした。

ひとり目は、わたしが外資系飲料メーカーに勤めていたときの上司のMさん（男性）です。わたしは入社早々、こう着状態に陥っているプロジェクトにリーダーとして加わることになりました。新しいタイプの自動販売機を日本で開発するプロジェクトでしたが、本社スタッフ、日本のスタッフ、共同開発をするメーカーとで意見が割れていました。会議は、不協和音が鳴り響いているオーケストラの練習場みたいな様子でした。わたしは、業界のことも技術のことも社内のこともまったく知らない一番のど素人。なぜそんなわたしが、リーダーになったかと言うと、「マーケティングがリーダー役を果たすべきだ」という考えがあってのことでした。

初日から途方に暮れていたわたしは、Mさんに一緒に会議に参加してもらうことにしました。Mさんは、物静かであまり目立たないタイプです。紛糾する会議中も、とくに意見は言わずに黙ってみんなの話を聞いていて、みんなが意見を言い終わると、それぞれの言い分や問題点などを整理してホワイトボードに書き始めました。誰の肩を持つでもなく、中立的な態度で整理すると、メンバーも冷静さを取り戻すことができました。プロジェクトを成功させるというゴールは同じですから、Mさんのような冷静な聞き手がいることで、建設的な議論が戻ってきたのです。

わたしは、Mさんのような上司に会ったのは初めてのことで、今までと違うリーダーシップに驚きましたが、次からはMさんの方法を真似することにしました。

そうして、少しずつ、リーダーの役割を果たせるようになっていったのです。もちろん、それは「新入りの若輩者がリーダーなんてけしからん」などとは言わずに協力してくれたプロジェクトメンバーたちのおかげです。

ちなみに、外向的なスタッフには内向的な人、内向的なスタッフには外向的な人がリーダーを果たすと、よりよいパフォーマンスを引きだせるという研究結果があります。つまり、タイプの異なる人が協力し合うことでよりよい成果をだせるのです。Mさんが静かなリーダーシップでチームをまとめていったこと、それから新入りにベテラン社員たちが協力してくれたのも、タイプの異なる組み合わせの成功例かもしれません。

また一緒に働きたい上司の2人目は中学校の校長先生（女性）です。T先生は、小柄で穏やかな笑顔が印象的で、校長先生だけれど怖いところがありません。もちろん、校長として、強い姿勢をとるときもありますが、静かに筋道を立てて話し、しかし決して迎合しません。普段から、生徒や保護者、先生の何気ない様子をよく見ていて、気になることがあると相談してくれます。何か悩んでいるときでも、T先生から声をかけてくれるので相談しやすく、進捗報告もしやすくなります。T先生が着任してから職員室内のコミュニケーションが密になり、何か問題が起きても協力して対応したり、未然防止ができるようになったのです。

T先生は、組織に心理的安全性をもたらしてくれたリーダーでした。

心理的安全性とは、「率直な意見を言ったり質問したりしても、あるいは助けを求めたりミスを認めたりしても、公式非公式を問わず馬鹿にされたり制裁を受けたりしないと信じられること」（ハーバード大学教授エイミー・エドモンドソン）です。

心理的安全性のある組織では、誰もが保身する必要がなく、よい結果を生むために協力できるので、組織にとっても働く人にとっても、よい成果を生みだすことができます。心理的安全性は、大きな組織だけでなく、グループ活動や家庭・親子関係にも応用できる優れた考え方なので、興味を持たれた人はエイミー・エドモンドソン著『恐れのない組織』（英治出版 2021）を読んでみてください。

このように、今は、さまざまなリーダーシップスタイルがありますから、内向型やHSP型にリーダーは荷が重いと決めつけないで、持ち味を生かしたリーダーシップを身につけていってほしいと願っています。

ここまで内向型・HSC型の子どもたちが、将来の仕事について考えるときにとくに避けたほうがよい職種はないことや、子どもの持ち味が社会で求められる力と合致していることをお話ししてきました。実際の仕事選びは、子どもたちの関心や価値観に基づいて、自分で選んでくれるはずです。

子どもの将来のことになると、親はどうしても安全な道を選ばせようとしてしまいます。わたしも子どもには、「まずは一度就職してみてはどうか?」と考えたりしました。就職活動を通じて、諸先輩方の話を聞き、自己理解を深め、チャレンジすることで子どもが大きく成長するだろうと思ったからです。けれども、就職が一番安全な道だと考えるのは、アンコンシャス・バイアスかもしれませんね。

希望の就職が叶ったとしても、生涯の雇用が約束されるわけではありません。子どもに今とは違ったやりたいことができて、転職や起業、独立開業する道を選ぶこともあるでしょう。あるいは、なかなか自分のやりたいことが見つからずに試行錯誤を続けていくかもしれません。

でも、子どもには自分の生き方を自分で決める権利と責任があり、内向型・HSC型の子どもにとって、それはひときわ大事なことです。というのも、内向型は自分のことを自分で決めたいタイプですし、HSC型は自分より他者を優先することがあるので、人に委ねた生き方では自分を見失ってしまいます。

親の考えや経験を子どもに伝えたり、応援したりするのはよいことですが、価値観を押しつけないように注意しなければなりません。

親が子どもを心配する気持ちは、子どもが巣立つときに最高潮に達しますが、大人になった子どもに親ができることは、信じて送りだすことと、心配だけど何もしてあげられない不安に耐えることです。

そのときに親を支えるのが「あなたはきっと大丈夫」と信じて育んできたこれまでの経験です。今のうちから、そのときを見据えて、子どもの気持ちと持ち味を尊重して育てていきましょう。

おわりに

『ゆっくり行くものは安全に遠くまで行く』というイタリアのことわざがあります。

内気で感じやすい子どもたちは、小さいうちは「この子、このままで大丈夫かな？」と不安を感じてしまうこともあるでしょう。しかし成長すると、自分の軸を持ち価値創造できる力や、感受性を生かして人の幸せのためにがんばることができる力を発揮するようになっていきます。

子どもの持ち味を丸ごと肯定して、ゆっくり、安全に、遠くまで歩いていけるように育ててあげられるといいですね。

本書では、そのための子どもの理解と対応について書いてきました。

「目指すのは51点の子育て」と言いながら、そして「子どもにエンドレスなダメだしをするのはやめましょう」と言いながら、お読みいただいた読者のみなさんに向けて、たくさんのNGワードを書いてしまいました。気落ちしてしまった人がおられたら、ごめんなさい。でも本書をヒントに、それぞれの家のベストを見つけだしていただけたらと願っています。

わたし自身、たくさんの失敗を重ねながら子育てをしてきました。本書は過去の自分に向けたねぎらいと、まだこれからも続く子育てへのエールでもあります。

このテーマを与えてくださった編集の小石亜季さん、ともに子育てをした仲間のパパママ、家族に、ありがとう。

吉田美智子

出典・参考文献

1章

- MPI研究会『新・性格検査法―モーズレイ性格検査―』誠信書房
- スーザン・ケイン『内向型人間の時代　社会を変える静かな力』講談社
- エレイン・N・アーロン『ひといちばい敏感な子』青春出版社
- C.G.ユング『タイプ論』みすず書房
- 河合隼雄『ユング心理学入門』岩波書店
- 山下竜一、横山恭子『外向性・内向性の概念に関する文献的考察』上智大学心理学年報
- Francesca Lionetti, Arthur Aron, Elaine N. Aron, G. Leonard Burns, Jadzia Jagiellowicz & Michael Pluess
  Dandelions, tulips and orchids: evidence for the existence of low-sensitive, medium-sensitive and high-sensitive individuals (2018)
  https://www.nature.com/articles/s41398-017-0090-6
- 平野真理『レジリエンスの資質的要因・獲得的要因の分類の試み
  ―二次元レジリエンス要因尺度（BRS）の作成』パーソナリティ研究(2010)
- 平野真理『心理的敏感さに対するレジリエンスの緩衝効果の検討
  ―もともとの「弱さ」を後天的に補えるか―』教育心理学研究(2012)
- 飯村周平『中学生用感覚感受性尺度（SSSI）作成の試み』パーソナリティ研究(2016)
- 岐部智恵子・平野真理『日本語版青年前期用敏感性尺度（HSCS-A）の作成』
  パーソナリティ研究(2019)
- 岐部智恵子・平野真理『日本語版児童期用敏感性尺度（HSCS-C）の作成』
  パーソナリティ研究 (2020)
- 菊池哲平『HSPと発達障害は区別可能なのか?』熊本大学教育学部紀要
- 国立精神・神経医療研究センター
  『複雑性PTSD治療を届けるために～効果検証と治療者の育成～』
  https://www.ncnp.go.jp/activities/ar-2023-02.html
- 『1980年代の父親の叱り方』朝日新聞　2023年6月19日
- 小山隆『現代家族の親子関係―しつけの社会学的分析―』培風館
- 姫岡勤・上子武次・増田光吉『現代のしつけと親子関係』川島書店
- D.W.ウィニコット『完訳　成熟課程と促進的環境 ― 情緒発達理論の研究―』岩崎学術出版社
- 繁多進　調布聖書バプテスト教会附属こひつじ幼児園の保護者向け講演会

4章

- Carl Benedikt Frey † and Michael A. Osborne ‡
  "THE FUTURE OF EMPLOYMENT"
  https://oms-www.files.svdcdn.com/production/downloads/academic/The_Future_of_Employment.pdf?fbclid=IwAR0zUqXaPj4gsH3L2LcgK5YRGx9BujYi4uzFbQNaGBbJyvguxz5IL5m8IqQ (2013)
- 野村総合研究所
  https://www.nri.com/-/media/Corporate/jp/Files/PDF/news/newsrelease/cc/2015/151202_1.pdf(2015)
- 道喜将太郎
  https://www.tsukuba.ac.jp/journal/medicine-health/20210625140000.html　(2021)
- 古谷星斗＋リクルートワークス研究所『「働き手不足1100万人」の衝撃』プレジデント社
- OECDラーニング・コンパス
  https://www.oecd.org/education/2030-project/teaching-and-learning/learning/learning-compass-2030/OECD_LEARNING_COMPASS_2030_Concept_note_Japanese.pdf
- ランドセルナビ『全国　ランドセルの人気色　男の子　カラーランキング』
  https://www.randoserunavi.com/blog/index.php/report2019/boy_color01/
- 内藤佳津雄・北村世都・鏡直子『発達と学習』弘文堂
- 荒川詔四『優れたリーダーはみな小心者である。』ダイヤモンド社
- エイミー・C・エドモンドソン『恐れのない組織』英治出版

声かけで伸ばす 内向的な子のすごい力

発行日　2024年6月21日　第1刷

Author　吉田美智子
Illustrator　せきやよい
Book Design　荻原佐織（PASSAGE）

Publication　株式会社ディスカヴァー・トゥエンティワン
〒102-0093　東京都千代田区平河町2-16-1 平河町森タワー11F
TEL　03-3237-8321（代表）03-3237-8345（営業）
FAX　03-3237-8323
https://d21.co.jp/

Publisher　谷口奈緒美
Editor　小石亜季

Distribution Company
飯田智樹　蛯原昇　古矢薫　佐藤昌幸　青木翔平　磯部隆　井筒浩　北野風生　副島杏南　廣内悠理
松ノ下直輝　三輪真也　八木眸　山田諭志　小山怜那　千葉潤子　町田加奈子

Online Store & Rights Company
庄司知世　杉田彰子　阿知波淳平　大﨑双葉　近江花渚　滝口景太郎　田山礼真　徳間凜太郎　古川菜津子
鈴木雄大　高原未来子　藤井多穂子　厚見アレックス太郎　金野美穂　陳玟萱　松浦麻恵

Product Management Company
大山聡子　大竹朝子　藤田浩芳　三谷祐一　千葉正幸　中島俊平　青木涼馬　伊東佑真　榎本明日香
大田原恵美　小石亜季　舘瑞恵　西川なつか　野﨑竜海　野中保奈美　野村美空　橋本莉奈　林秀樹　原典宏
星野悠果　牧野類　村尾純司　元木優子　安永姫菜　浅野目七重　神日登美　波塚みなみ　林佳菜

Digital Solution & Production Company
大星多聞　小野航平　馮東平　森谷真一　宇賀神実　津野主揮　林秀規　福田章平

Headquarters
川島理　小関勝則　田中亜紀　山中麻吏　井上竜之介　奥田千晶　小田木もも　佐藤淳基　仙田彩歌　中西花
福永友紀　俵敬子　斎藤悠人　宮下祥子　池田望　石橋佐知子　伊藤香　伊藤由美　鈴木洋子　藤井かおり
丸山香織

Proofreader　文字工房燦光
DTP　一企画
Printing　中央精版印刷株式会社

ISBN978-4-7993-3048-7
（KOEGAKEDENOBASU NAIKOUTEKINAKONOSUGOICHIKARA by Michiko Yoshida）